亚历山大大帝(前356—前323),古代马其顿国王,著名军事家、政治家

亚历山大小传

　　他是天之骄子,出生于马其顿王族,集万千宠爱于一身。

　　他是少年英雄,舞勺之年勇武之气即已超越常人;舞象之年成为父亲的重要助手,初露锋芒。

　　他是完美的化身,既有英俊的外表,又兼具坦荡的胸怀。更难能可贵的是,他一直在探寻真理,执著程度不亚于其师亚里士多德。

　　他被认为是人类历史上最伟大的征服者,从家乡希腊半岛出发,兵锋一直指向遥远的印度,跨越了大半个欧亚大陆。他始终与胜利为伍,终身未尝败绩。

　　他是一个建筑师,而绝非一位破坏者。以他命名的城市遍及帝国境内,至今这些城市仍散发着夺目的光彩。

　　他的成就连上天都为之妒忌,没有一个人会像他那样杰出。然而,上天却早早将他带走,那时候他只有33岁。

　　他有一个伟大的名字——亚历山大。

寻找自己的王国
亚历山大大帝传

陈只信 著

华文出版社
SINO-CULTURE PRESS

图书在版编目（CIP）数据

寻找自己的王国：亚历山大大帝传／陈只信著．— 北京：华文出版社，2013.4（2013.8重印）

（可爱的"坏孩子"·世界伟人成长传记系列）

ISBN 978-7-5075-3963-9

Ⅰ．①寻… Ⅱ．①陈… Ⅲ．①亚历山大大帝（前356～前323）-传记 Ⅳ．①K835.407=2

中国版本图书馆CIP数据核字（2013）第056656号

寻找自己的王国：亚历山大大帝传

著　　者：	陈只信
出版策划：	李红强　罗亭
责任编辑：	李瑞虹
出版发行：	华文出版社
社　　址：	北京市西城区广外大街305号8区2号楼
邮政编码：	100055
网　　址：	http://www.hwcbs.com.cn
电　　话：	总编室 010-58336239　发行部 010-58336212 58336238
	责任编辑 010-58336197
经　　销：	新华书店
印　　刷：	三河市华丰印刷厂
开　　本：	710×1000　1/16
印　　张：	10.5
字　　数：	91千字
插　　图：	8张
版　　次：	2013年4月第1版
印　　次：	2013年8月第2次印刷
标准书号：	ISBN 978-7-5075-3963-9
定　　价：	20.80元

版权所有　侵权必究

序

"如果我不是拿破仑,我愿意做亚历山大。"本书的主人公是拿破仑吗?不,他是拿破仑最崇拜的偶像,也是世界历史上著名的军事家、政治家——亚历山大大帝。

关于亚历山大,有很多美妙的传说和故事,平叛、征战、开疆拓土,他的文治武功至今仍为人们所津津乐道。他的伟大不是在长大后才成就的。早在幼年时,围绕在亚历山大身边发生的小故事,就已经显示出这个孩子的与众不同。

他勇敢。小时候,就曾靠一己之力制服了烈马。当大人们对这匹野性难驯、脾气暴躁的良驹束手无策之际,亚历山大直言愿意一试,他不畏将领叔伯的嘲笑和父亲的诸多不满,依靠胆识和智慧征服了烈马,并与之成为一生征战的"伙伴"。

他桀骜。少年时,曾因自己是未来国王的"面子"问题而不愿向老师请教,甚至冷漠以对。然而,老师的开诚布公、谆谆教导最终使他明白:事情不光要做,还要思考为什么这样做。他从老师那里收获了知识、涵养,但最重要的是,他懂得了仁慈。

　　他爱好广泛。他喜欢弹奏乐器,还热衷于各种体育锻炼。他热爱舞棍弄棒,虽然因此惹过麻烦,却并不妨碍他发展自己的兴趣。幼年时,亚历山大就已文武双全。

　　他勇挑重担。少年时便随父征战,管理内政,积累经验。父亲被杀后,他按捺悲伤,面对动荡的局势、混乱的朝政,他力压叛乱,征战波斯,恩威并施,稳定大局。

　　他珍视友情。无数财宝在亚历山大眼中淡如尘埃,他可以将其倾囊相授或毁之一炬,然而部将和士兵的生命却让其视若珍宝。他们是君臣,亦是朋友和伙伴,无数马其顿人愿意为他出生入死,帝国的辉煌离不开亚历山大的领导,更离不开这些朋友的付出。

　　他,就是这样一个人。始终以自己的人格魅力影响着别人,坚持梦想,为光荣而战。

　　本书展现了亚历山大辉煌的一生,从马其顿到波斯,从征服城市到缔造城市,从希腊半岛一隅到地跨欧亚非的大帝国,他马不停蹄、他荣耀齐身。

　　细心的小读者,你们发现了吗?他的成就不是从天而降,也并非水到渠成。期间,亚历山大经历了种种困难与艰辛,他面对过质疑、经受过挑战,然而他却从未放弃过。究竟是什么支撑他跨越一道道门槛最终走向成功?或许两个字的回答足矣——"梦想"。为了他的"梦想",亚历山大始终坚持并实践着。

　　小读者们,看过亚历山大的故事后,相信你一定会有所收获。虽然今天的你与他相隔久远,成长经历也不尽相同;亦或者与他相比你可能平凡无奇,但要知道,不同的梦想和坚持会让你变得卓然不凡，平凡的我们也可以完成不平凡的梦想。追梦永远是成长中不变的主旋律。行动起来吧，为自己准备一个梦想，积蓄实力，勇往直前！

准备好了吗？我们的"梦想号"即将起航，亚历山大的故事已然开始，你的呢……

目 录

第一章　少年英雄代父接见波斯使者 …………… 1
第二章　孩子,马其顿对你来说太小了 …………… 8
第三章　吾爱吾师,也爱真理 …………………… 14
第四章　小家难安,何以谋大局 ………………… 21
第五章　为了马其顿的荣光 ……………………… 26
第六章　我若不是亚历山大,我愿是第欧根尼 …… 33
第七章　为自己留下希望 ………………………… 38
第八章　阿喀琉斯墓前的感伤 …………………… 42
第九章　大战黑白双煞 …………………………… 47
第十章　我给你喝下的是毒药 …………………… 55
第十一章　与我决斗吧,大流士 ………………… 59
第十二章　女眷们,你们安全了 ………………… 67
第十三章　这是属于我的城市 …………………… 72

第十四章　我要胜得光明正大 …………………… 76
第十五章　高加米拉灭波斯 ……………………… 82
第十六章　与雄狮搏斗,看到底谁是王 ………… 89
第十七章　你比我更像国王 ……………………… 94
第十八章　再见,菲洛塔斯 ……………………… 100
第十九章　糟糕,我没学过泅水 ………………… 105
第二十章　向大象冲锋吧 ………………………… 110
第二十一章　前进,或者后退 …………………… 118
第二十二章　八个问题,决定生死 ……………… 123
第二十三章　痛失挚友 …………………………… 127
第二十四章　亚历山大之死 ……………………… 134

尾　声　伟大时代已开启 ………………………… 141

附录　亚历山大年谱 ……………………………… 143

第一章 少年英雄代父接见波斯使者

公元前356年盛夏的一天,马其顿国王菲利普脱下战袍,洗去身上的尘土、汗水和鲜血。刚经过一场大战,这位国王显然有些疲惫,然而疲惫中却又难掩兴奋。连续几个月的战事终于分出了胜负,又一座城市被他征服了。菲利普走出营帐,接受士兵们的欢呼。

"伟大的菲利普!"

"战无不胜的马其顿!"

这些赞美都令菲利普颇感自豪,他尽情享受着自己应得的褒奖和荣誉。在他的治理下,马其顿终于强大起来,征服波蒂迪亚这座城市就是又一个有力的证明。

同时,菲利普脸上也挂着一丝忧愁,他的目光不时落在军营前的大道上,等待着传令官的到来。此刻,他的妻子奥林匹娅斯应该已经分娩了。他的第一个孩子会是什么样呢?

亚历山大大帝传

是男孩还是女孩？

菲利普在心中不断地祈祷：

"万能的宙斯，请赐予我一个健康活泼的男孩吧，他会成为我的继承人，成为下一任马其顿的国王。"

"哒哒哒……"，马蹄声近了，更近了。菲利普兴奋极了，还没等传令官下马，他就立刻迎了过去，焦急地大喊：

"怎么样？母子都平安吗？男孩还是女孩？"

"伟大的国王啊，王后为您生了一个男孩，一位强壮的小勇士！"

"我终于当父亲了，王室有自己正统的继承人了！我要给他取一个伟大的名字，他会是马其顿人新的依靠，他将保护所有的马其顿人。就叫他亚历山大[①]吧。"

当国王还沉浸在儿子出生的喜悦中时，又陆续传来了两个好消息：马其顿大将巴米尼奥大败伊里利亚人，马其顿人又一次在战场上获胜；菲利普派出的一匹骏马参加古代奥运会赛马比赛，获得了冠军。

此刻，菲利普感觉自己是世界上最幸福的人。他感激神明，不断带给自己好运，让他同时获得了如此多的好消息。

这时候，祭司走了过来，向国王表示了祝贺。他激动地说："我们的国王啊，王子的诞生给您带来了这么多胜利的消息，他注定会不同于常人，他一定会百战百胜，所向无敌。"

菲利普感谢祭司的祝福，又向天神宙斯进行了祈祷："众神之神宙斯，我们伟大的祖先，请您保佑您的后代亚历山大

---

① 亚历山大在希腊语中意为"人类的保护者"。

健康成长,以后成为一位强大的战士吧!"

在菲利普看来,亚历山大是他未来的希望,自己未尽事业的继承者。此时,亚历山大出生的这个年代,对马其顿人

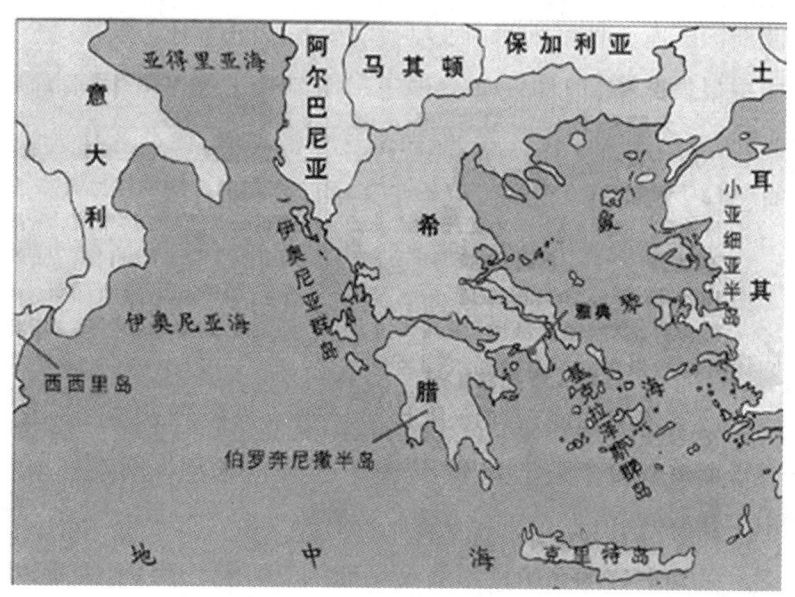

而言,正是一个千载难逢的崛起时机。长久以来,马其顿人因其落后的文明、恶劣的生存环境一直被希腊人视作蛮夷。然而,从公元前4世纪开始,希腊内部的强国陷入了你争我夺的拉锯战泥淖。雅典与斯巴达进行了长达十年的战争,结果两败俱伤。底比斯继之兴起。雅典与斯巴达又联手对底比斯发动了长达60年的战争。这些大大小小的战争令希腊满目疮痍、疲惫不堪,为马其顿人制造了可乘之机。马其顿人在菲利普的带领下,改革军队、发展生产、四处征伐,一跃成为希腊半岛最强大的国家。

亚历山大在父亲的百般疼爱下渐渐长大。幼儿时代,他

就表现出了对政治的特殊喜爱。大人议论重大事件时,亚历山大会在旁边静静聆听,时而皱紧眉头,时而露出笑容。

有一次,亚历山大的父亲和朋友们外出打猎,正巧这时波斯国王派了使者前来拜见。于是,王宫的侍卫立刻快马向国王报告此事,但即使如此国王一时半会儿也赶不回王宫。当时,亚历山大年仅7岁,他知道这一消息后,便命令仆人给自己穿上最庄重的衣服,代替父亲接见这位使者。

当年幼的亚历山大出现在波斯使者面前时,着实吓了那人一跳。亚历山大的侍从们介绍道:"这位是我们的王子亚历山大,马其顿王室的正统继承人。"

使者也回礼道:"尊敬的王子,您好,很高兴见到您!"他发现亚历山大个头儿不高,皮肤白净,但面孔却俊朗不凡,心中不禁感慨,怎么人间会有如此俊俏的少年。

虽然是初次经历这样的大场面,亚历山大并没有表现出丝毫的紧张,他从容地坐在父亲的王座上,示意波斯使者坐下。

使者心中奇怪道:"怎么国王没出来,倒来了个毛头小子?他不会跟我搞什么恶作剧吧!看他像模像样地坐在上面,还真敢耍我不成,不就是一个六七岁的孩子嘛!"

"尊敬的使者,一路辛苦了,想必你到达马其顿一路上必定舟车劳顿吧?"亚历山大镇定地问道。

"是的,王子殿下,从我们首都波斯波利斯(位于现今的伊朗)到马其顿有数千里,一路翻山越岭,确实非常辛苦啊。"

"波斯波利斯附近交通状况如何?"

"我们首都一面环山,三面建有围墙,交通四通八达,有两千多公里的驿道通向帝国的各个角落,真可以说是世界上最辉煌壮丽的城市了!"

"现在,你们的国王是谁?"

"噢,他是一个伟大的人物,世间最伟岸的男子,最万能的国王,他叫大流士。"

亚历山大继续不动神色、语气平和地问道:"有机会我一定要去会会你们的国王。不知道你们国王的性格怎么样?"

使者不禁沾沾自喜,继续夸耀自己的国王:"我们国王是世界上最慷慨的国王,他掌握的财富数之不尽,光是在我们首都的财宝就价值 12 万多塔兰特①。这些财宝需要 10000 多头骡子外加 5000 匹骆驼才能将它们全部运走。我从未见过比他更富有的国王!"

听了这些,亚历山大并没有表现出丝毫不悦,继续问道:"那他管辖的领土又有多大呢?"

使者仍旧沉浸在对自己国王的赞颂中:"我们的国王,管辖着世间最庞大的领土,最广阔的疆域!我们波斯是一个十分庞大的帝国,东到印度河流域,西至博斯普鲁斯海峡沿岸的小亚细亚地区,北临色雷斯的广阔森林,南接埃及尼罗河的上游。从未有一位国王管辖的领土像他那样广大!"

"那你们国王手下又有多少兵马?"

"在我们国王治下,士兵多如粮仓中的米粒,沙漠中的沙子,大海中的小鱼。骑兵的规模就甚是壮观,如果将他们手

---

① 古代黄金白银的货币重量单位,1 塔兰特大约相当于现今 26 千克。

中的马鞭扔向博斯普鲁斯海峡，整个海峡都能被填平。另外，我们舰队还拥有数千艘舰只，远比希腊还要庞大。我们国王是世间最伟岸的战士，没有人能比他更善于指挥军队、调遣三军，没有人能比他更勇敢。"

使者越说越得意，在他看来，面前的这个小子听了他的话后，肯定是惊恐万分。

然而，亚历山大却微微一笑，脸上露出了异常坚定的表情："亲爱的使者，你要记住，今天你碰到了一位未来的国王，他会比你们的国王更加慷慨，他会管辖一个更庞大的帝国，这个帝国之大将超乎所有人的想象，同时他也将是世界上最强悍的勇士和无坚不摧的战神。"

使者在听了少年的这番表述之后暗暗称奇，心中无限感慨：这样幼小的年纪，就有如此远大的抱负。这个孩子长大之后，一定会超越他的父亲，开创一番伟业，成为波斯帝国最强劲的对手。

菲利普回到王宫，听闻此事，对儿子大加赞赏："亲爱的亚历山大，你注定将成为一位伟大的国王，你的雄心可比日月，必将超越我，将马其顿引向新的巅峰。"

然而，亚历山大并未有丝毫的骄傲与自满，反而对父亲说："亲爱的父亲，与您相比，我宁愿接受一个饱经战乱的王国，因为这将是一片充满光荣的领土，我可以在上面尽情描绘，书写更为绚丽的篇章。"

听亚历山大说完，菲利普更加欣赏自己的儿子了，不禁感慨：真是江山代有才人出，一代新人换旧人啊。

正因为从小就树立了自己的理想与抱负,亚历山大才能在后来以之为动力,成就帝国事业。

仔细想想,或许你也有自己的梦想,并在为它的实现而不断努力着。如果现在还没有,没关系,那就马上行动起来吧,为自己制定哪怕是一个小小的目标,在向着目标前进的过程中,相信你一定会感到干劲儿十足!

① 从使者洋洋得意的叙述中,你发现当时波斯是一个怎样的帝国?

② 为什么最后波斯使者和菲利普都对亚历山大称赞不已?

第二章　孩子，马其顿对你来说太小了

不知不觉间，五年时光悄然而过，亚历山大此时已是一位12岁的翩翩少年了。

一次，一个马商来到王宫，向亚历山大的父亲出售一匹骏马，他要价13塔兰特①。这匹马确实是人间难得一见的宝马，双目炯炯有神，流露出自然的野性；四蹄如盆，好像随时都准备纵情狂奔；尾扫残云，有一种怒扫千军之势。

国王见此良驹，大声叫好："这真是世间少有的宝马！"

其他将领也纷纷称赞，都建议国王买下这匹骏马。

国王非常高兴，他对马贩子说道："这匹马我要了，试骑没问题的话，我马上付钱。"

然而，在草地上试骑的时候，国王和随从发现了一个问

---

① 13塔伦特在当时是一个非常高的价格，根据古代历史学家的记载，13塔伦特相当于300个水手一年的薪水。

题:这匹马的性子太过暴烈,根本没人能够驾驭它。只要有人想要骑上它,它就跃起前蹄,焦躁不安地开始嘶叫。

国王的众多随从尝试了各种办法,想安抚它,结果都以失败告终。

国王不禁有些可惜:"真是一匹难得的好马啊,就是野性难驯!如此一来,既不能日常骑用,又不能在战场上驰骋。无人能够驾驭,再好的马也没用。还是让马商把它牵回去吧,我看世间是没有人能够制服它了,可惜,可惜!"

马商也很失望,眼看到手的钱就这么飞了,无奈只得牵着马匹去另外的地方,给骏马寻找合适的买主了。

他感慨地说道:"伟大的国王啊,您是世间最勇猛的男子,如果连您都不能制服这匹野马,那整个马其顿肯定没有人能够征服它了!"

年轻的亚历山大始终站在父亲身旁,当他第一眼看到这匹骏马时就告诉自己:"这才是配得上我亚历山大的坐骑。没有人能够征服它,我必将是第一个!"

马商最后的话激怒了亚历山大,因为他一直认为自己的勇气[①]远在父亲之上,这个马贩子显然轻视了他。

亚历山大不满地说道:"这是人间难得的骏马,怎么能因为无法驾驭而否定它的价值呢!要知道,我们马其顿最不缺的就是御马人,你放心吧,你不会空手而回的。"

---

① 古代马其顿人珍视荣誉和勇气,他们将勇气视为男子气概最重要的评判标准。在很多勇士看来,勇气要比生命更重要。

亚历山大的父亲开始时并未将儿子的话放在心上。见此情景，亚历山大又提高嗓音将自己的话重复了一遍。

这时，国王才转过身来，对自己的儿子说道："亚历山大，你刚才的语气是在指责我们这些长辈吗？！你怎么能如此无礼，这些马其顿最杰出的勇士尚且不能驯服它，难道你认为自己比他们更勇敢？难道你认为自己就能调教这匹烈马了吗？"

亚历山大不假思索地回答道："要说驯马，我确实比他们更在行。"

几乎所有人都认为这是一个12岁男孩的无知玩笑，但亚历山大的父亲非常了解自己的儿子：他一定是有必胜的把握才会说出这样的话。

然而，即使如此，国王也感到有些不满，因为儿子的话显然轻视了自己："小亚历山大啊，如果你不能制服它，那么由于刚才这番莽撞的话，你认为自己应该受到怎样的处罚呢？"

"我愿意付这匹马的钱！"

随着这一声回答，人群中爆发出阵阵笑声：天真的孩子啊，我们这些驰骋沙场多年的勇士尚且做不到，你这个乳臭味干的毛头小子难道就可以，真是笑话，怎敢如此狂妄！我们倒要看看，待会儿你怎么出丑，看你以后还敢不敢这样目中无人。

在一片哄笑声中，亚历山大沉着而坚定地走向烈马。

此时，作为父亲的菲利普开始担心自己的儿子了。虽

亚历山大，你怎么能如此无礼，这些马其顿最杰出的勇士尚且不能驯服它，难道你认为自己比他们更勇敢？难道你认为自己就能调教这匹烈马了吗？

名家名言

山不走到我这里来,我就到它那里去。

名家名言

把世界当作自己的故乡。

然刚才对小亚历山大说话的方式感到反感,但眼前毕竟不是一般的马匹,万一它突然发起狂来,那亚历山大就有危险了。另一方面,他也深知儿子的性格,言出必行。此时劝阻的话,这小子是绝不会听话的,还是先让他吃点苦头再说吧。

亚历山大慢慢接近了烈马。

这匹马如往常那样,一见有人接近就抬起前蹄,摆出"人类勿扰"的架势。

就在此时,小王子停下了脚步,他开始仔细观察这匹骏马。"为什么马会对人类如此警觉呢?它为什么露出如此惊恐的神态呢?"亚历山大一边观察一边思考。

然后,小亚历山大开始观察它的眼睛。这是一匹多么棒的骏马啊,从它的眼神中可以看到坚毅。偶然间亚历山大发现马的眼睛往下一瞟,看到日光下自己的影子时,便立刻变得异常惊恐。亚历山大恍然大悟,好家伙,原来是怕看到自己的影子啊。

亚历山大缓缓上前,抓住缰绳,抚摸马的背部,并小声在它的耳旁嘀咕道:"别怕,我不会让你看到自己影子的。"说完,顺势拉起缰绳调转马身,使马头转向太阳,如此一来马的影子就移到它的身后了。骏马发现自己的影子不见后,渐渐安静下来。

少年瞅准时机,翻身上马。当马发现背上有人时,立刻又耍起脾气。亚历山大觉察到这一点,用手轻轻抚摸它的鬃毛,这匹马似乎就是为亚历山大而来的,它接受了亚历山大的安抚,平静了下来。接着,亚历山大朝马儿大喊道:"前进吧,我的朋友,让我们一起战斗,开创伟大的事业吧!"骏马似乎听懂了亚历山大的话,不再倔强地反抗,反而扬蹄奔跑起来。

在场的人都惊呆了。

当他们目睹烈马跃起向外狂奔的瞬间,心中充满了对亚历山大的担忧:要是小王子从马上摔下来,那该怎么办啊!最为担忧的人莫过于菲利普,他焦急地想要冲过去,但是已经来不及了,马的速度实在是太快了。还没等他靠近,它已经奔向了前方。

过了大约一刻钟时间,当人们还在为亚历山大的安危而忧心忡忡时,远处出现了一匹骏马,马上稳稳地坐着一位俊朗的少年。阳光照射下,少年仿佛身披金色战甲,稳健地向着人群骑来。

此情此景,此时此刻,人们开始爆发出雷鸣般的呼喊声:"神一般的亚历山大啊,您实在太棒了,您必将超越我们所有人!"

亚历山大露出了满足的笑容,他命令马儿停下,尽情地享受着人们的欢呼。

刚才最为担忧的父亲,此刻也骄傲万分,以至于留下了激动的泪水。

当亚历山大从马上跃下,马其顿国王立刻冲上前去轻吻他:"我的儿子啊,你必将超过我!去寻找属于你的王国吧!马其顿对于你来说,实在是太小了。"

如果你已经有了目标和理想,那就让勇气撑起风帆,前进吧!

不要害怕失败,因为没有尝试,就连失败的机会都没有。放手去做吧,广阔的世界正等待着你!

① 从亚历山大与父亲的对话中,你看到了亚历山大怎样的性格特点?

② "去寻找属于你的王国吧,马其顿对你来说,实在是太小了!"如今,这句话已成为千古名言,你认为亚历山大父亲的这句话中包含着怎样的含义?

第三章　吾爱吾师，
　　　　　也爱真理

　　驯服烈马后，亚历山大疯狂地爱上了骑马。只要条件允许，他就会骑着爱马，与伙伴们在草原上赛马。菲利普深感儿子性格过于倔强和野性，如果不加束缚，只能成为勇士，而无法成为明君。他认为要通过理性的引导，而非强迫的手段，促使小亚历山大明白自身的责任。

　　一次，菲利普路过王宫摔跤场时，亚历山大正与一些贵族子弟进行摔跤训练，他的对手是其要好的朋友赫菲斯提昂。从年龄上来说，赫菲斯提昂要比亚历山大大两岁，因此身高也比亚历山大高出一头，体格也明显强壮很多。两个人抱在一起，憋足了劲儿要将对方击败。

　　"赫菲斯提昂，我的好友，今天我一定要打败你！"亚历山大脸涨得通红，咬着牙说道。

　　"嘿嘿，亚历山大，今天你一定又是我的手下败将！"赫菲斯提昂也跟亚历山大较上了劲。

很快,由于体格差异,悬殊立现,亚历山大被狠狠地摔倒在地。然而,这位小战士很快就从地上爬了起来,尽管嘴角在流血,仍然伸出双手与赫菲斯提昂进行角力。赫菲斯提昂打起十二分精神,迎接亚历山大的再次挑战:"我的好朋友,今天我一定要将你彻底打败!"

不一会儿,亚历山大又一次被摔倒,但他又站了起来。

菲利普看到这些场景,十分钦佩儿子的勇气,同时也感到了小亚历山大的倔强。他喃喃自语道:"宫廷中教授诗歌、音乐的老师,看来已经很难驾驭得了他了,我得再想想办法,得给亚历山大找一位更合适、更有才能的老师。"

经过思考,菲利普决定邀请亚里士多德①担任亚历山大的导师。亚里士多德是最博学多识的人,他一定能够教导好王国未来的继承人。

为了能够请到亚里士多德,亚历山大的父亲可以说是费尽心机。比如说,每逢节日他必定向亚里士多德献上最诚挚的祝福;拜师学艺给予的束

---

① 亚里士多德(公元前384年—前322年)为古希腊著名哲学家,生前撰写了500多部作品,现存30部。他的研究领域广泛,涉及生物学、动物学、政治学、逻辑学等,是古代社会大百科全书式的人物。他师从哲学家柏拉图,因与柏拉图学术意见不同,亚里士多德曾说过一句名言:"吾爱吾师,但吾更爱真理。"

修(老师的报酬)也异常丰厚;此外,他还特别指定一座神庙,作为亚里士多德讲学和休息之所。

在菲利普的努力下,公元前343年,亚里士多德开始正式担任亚历山大的老师。当时,亚历山大年仅13岁,亚里士多德42岁。

起初,师徒上课的场面并不和谐,亚历山大总是一副桀骜不驯的模样。亚里士多德很快察觉了这种情况,这位面容优雅、留着漂亮胡须的男子,走到小王子的身边。

"亚历山大,"老师有些忧虑地说道,"我有些为你感到遗憾。所有人,包括你的父亲,马其顿的将领、平民都跟我说,你是世界上最聪明的孩子。他们说,我会以成为你的导师为荣。虽然你总是让别人畏惧你,但我却不怕,反而为你难过。现在,我在你身上没有看到任何异于常人的东西,你也没有让我感觉到一丝的与众不同。"

亚历山大听了这些话,有些恼怒,但他仍试图保持一个王子该有的礼貌,尽量用平和的语气说道:"尊敬的老师,你是世上最博学的人,不要再侮辱我了,我不喜欢你的课是因为我根本听不懂你在讲什么,虽然我听不懂但我却不能询问,因为如果其他人发现我问你这些问题,以后我成为国王,他们想起这些场景,就不会再对我保持应有的尊敬了。我将来要成为一位国王,所以我现在必须表现得更像一位国王。"

亚里士多德欣然一笑,捋了捋胡子,拍着亚历山大的肩膀说道:"尊敬的小王子,你会成为伟大的国王。然而一个国王是以自己的品格和荣誉赢得他人的尊敬,无知和傲慢只会使王国误入歧途。"

亚里士多德诚挚的态度让小王子逐渐敞开了自己的心扉："老师，你知道吗？我有一个很大的梦想，我想征服这个世界上所有的国家。之后，你知道我会怎么做吗？我会坐在各个被征服部落的火堆旁，倾听他们的音乐，享受他们的美食，穿上他们的华服，让所有人都听从我的指挥。"

亚里士多德生怕亚历山大成为一位血腥的统治者，马上劝诫道："亚历山大，我的学生，你不能只想着去征服别人，你也不能满脑子都是战争。你要睁开眼睛，看看这个世界。你认为可以随意进攻任何地方，侵占他国的领土，你以为这会像在自己家那样随便吗？你征服他们，摧毁他们的世界，可是，既然整个世界都已被你毁灭了，你赢得这片焦土还有什么用呢？"

亚里士多德的话发人深省，以前亚历山大一直思考的是如何征服世界，却从没有想过为何要征服世界。

他好像领悟了什么，若有所思地说道："以后我去遥远的地方时，肯定会带上我的眼睛的。"

从此，亚历山大不再调皮捣蛋，开始虚心接受亚里士多德的教导。

在亚里士多德的教导下，亚历山大接受了系统的医学、伦理学、哲学、自然科学的教育。

亚历山大就像一块吸水的海绵，不断地汲取着亚里士多德所教授的知识。他发自内心地敬佩这位老师，后来他曾不止一次向人提起："我对亚里士多德的热爱，不亚于我对父亲的敬爱。父亲给了我生命,但亚里士多德却给了我智慧与思考。"

亚里士多德经常劝慰亚历山大:"亚历山大,你要学会从古典史籍中寻找智慧,发现帝王之术,待人之礼,育人之道,用兵之法。"

亚历山大感念老师的教诲,此后常将老师校正过的《伊利亚特》①放在身边,与自己的短剑一起放在枕下。亚历山大对此书赞不绝口:"这本书蕴含着许多用兵的方法,同时给我带来无限的勇气,里面有我最崇拜的英雄阿喀琉斯②。感谢我的老师亚里士多德,是他将我引入荷马的殿堂。"

亚历山大对《伊利亚特》的钟爱一直延续到东征时期。若干年后,亚历山大在伊苏斯战役中打败波斯,从国王手中获得众多的财宝和战利品。士兵们在清点战利品时,发现了一只十分名贵的箱子,这只箱子装饰精美,周身用金线、宝石镶嵌,可以说是价值连城。士兵们便将箱子献给了亚历山大。

亚历山大看后也非常喜欢,举着箱子问大家:"我应该在里面放什么东西才配得上这么精致的宝物呢?"

---

① 《伊利亚特》为《荷马史诗》的一部分,相传由希腊盲人诗人荷马所著,是古希腊最重要的文学作品。《伊利亚特》描写了特洛伊战争的故事,斯巴达王后海伦被特洛伊王子帕里斯拐走,希腊联军对特洛伊城发动了长达十年的战争,最终通过木马计攻破了特洛伊城。

② 阿喀琉斯是特洛伊战争中最著名的英雄,为女神忒提斯和凡人英雄珀琉斯之子,是一个半人半神的英雄。传说他出生之后,母亲提着他的脚踵在冥河水中浸泡,因而刀枪不入,脚踵是他唯一的弱点。特洛伊战争中,他杀掉了特洛伊的主将赫克托耳,使希腊联军转败为胜。战争即将结束之际,阿喀琉斯被帕里斯射中脚踵而死。

"黄金。"

"宝石。"

"美玉。"

"丝绸。"

士兵们纷纷提出了自己的意见。

亚历山大不以为然:"这些全都配不上这个箱子,我觉得唯有荷马的《伊利亚特》才能与其相得益彰。"说完,就取出了自己随身携带的《伊利亚特》,放进了箱子。

尽管亚里士多德只教了亚历山大数个春秋,但对于老师的恩德,亚历山大一直感激在心。亚历山大成为马其顿国王后,为亚里士多德提供了巨额的研究经费。在东征过程中,他还为其收集了大量的动植物标本和其他珍贵资料。

转眼,三年的相处即将结束,16岁的亚历山大与老师依依惜别。亚里士多德临行前,亚历山大说道:"其实我跟您是一样的人!"

诚如他所说,亚里士多德一生都在孜孜不倦地追求真理,在他的影响下,亚历山大自己也开始对艺术及真理的追求。

当年幼的亚历山大因为害怕"丢面子"而不愿请教老师时,是亚里士多德告诉他:狂妄只会让你泯然众人,谦虚地学习与询问才能获得真知。

当年轻气盛的小王子妄图通过自己的勇武征服全世界时,同样是亚里士多德点醒了他:不要只想着做什么,更多的时候需要思考为什么要这样做。

|亚历山大大帝传|

　　记住这两个小小的故事吧,不要让虚骄狂傲变成自己实现梦想的绊脚石,也不要只是一味地前进,偶尔的驻足、经常地反思,旅途才不会走上岔路。要知道,方向比速度更重要!

① 亚历山大最初为什么不愿意向老师请教?
② 亚里士多德的话让亚历山大明白了什么?

第四章　小家难安，
　　　　何以谋大局

在众人眼中，亚历山大无疑是马其顿最幸运的孩子。他天资聪颖，勇武可嘉；他出身高贵，继任大统；他享万千宠爱，集百家关注，就连亚里士多德也对其关爱有加。然而，人们往往看到的只是幸福的表面，小王子的内心又有多少人知道呢！

亚历山大内心的挣扎与痛苦来自于他的家庭。亚历山大的父亲菲利普在他三四岁时，娶了一个马其顿女人为妃。那时，小王子的母亲尚且年轻，菲利普还时常前来看她，两人感情倒还和睦。可随着年龄的增长，父亲来看望母亲[①]的次数越来越少，有时竟一两个月都不来一次。他的时间除了征战，就是去陪新娶的妃子了。

---

① 亚历山大的母亲奥林匹娅斯是伊庇鲁斯的公主，按照希腊神话的谱系，她的家族属于阿喀琉斯的后代。

亚历山大大帝传

亚历山大虽然仍旧享受父亲的宠爱,却也十分心疼母亲的遭遇。

年幼时,他只要有机会就陪在母亲身边,常关切地问道:"母亲,是不是我又做错什么事,惹您生气了?以后我会更乖的,不会再让您不高兴的。"

母亲擦掉眼角的泪珠,勉强笑道:"怎么会呢,我最最心爱的亚历山大,你是如此乖巧,怎么会惹我生气呢!"

"母亲,既然不是因为我,那您为什么这样难过?"

"大人的事儿,你理解不了,去找朋友们玩吧,不用陪我了。"

"是不是因为父亲?他整天待在那几个女人身边,根本就不来看您。下次我见到他,一定请求让他过来看您。"

母亲打心底感激儿子的好意,说道:"亚历山大,我亲爱的儿子,你是如此优秀,能做你的母亲是我一辈子最大的骄傲。你父亲的心已不在这了,就算把他强留在这里又有何用?!"

亚历山大时常为此苦闷,他心疼母亲,眼看着母亲在期盼中憔悴,整日以泪洗面,自己却束手无策。

小王子渐渐长大,年龄的增长使他对父母之间的感情,有了更深切的认识。而与亚里士多德的相处,更增加了他的智慧。亚历山大决定与父亲好好谈一次,进行一场男人[①]与男人的对话。

---

① 在古代马其顿,一个男子到了18岁后,才称得上真正成年,可以按照法律为自己辩护,选举官员等。此时亚历山大的年纪在15岁左右,所以并不算一个完全意义上的成年人。

"亲爱的父亲,您好。"

菲利普见儿子过来,热情回应道:"亚历山大,这两天怎么样?老师留下来的功课都完成了吗?"

"嗯,亚里士多德老师交代的问题,我都已经完成。"

"亚历山大,不要小看这一点一滴的积累,今天的付出在将来都会帮助你成为一个优秀的国王,你是个出色的孩子,大家都对你充满了信心。"

亚历山大感激父亲的赞许,接着话锋一转:"父亲,您曾经告诉我,您有一个梦想。"

"您曾经说过,您想要征服整个希腊,结束希腊各地战乱的局面,给他们以新的和平。然后,率领马其顿和希腊联军向东方的波斯①宣战,因为他们一直蓄谋兼并希腊和马其顿。"

"没错,征服希腊,打败波斯,的确是我一直以来的梦想。"

"那您征服希腊之后,又会如何管理呢?"

亚历山大的问题令菲利普有些措手不及,不免有些尴尬地说道:"这个问题我还没有深入思考过,但有一点我可以保证,那就是征服希腊后,我会尽最大的可能,以自己的仁慈保持希腊各国之间的和睦。"

"亲爱的父亲,您的这份胸怀让我望尘莫及。可是,现在

---

① 波斯是伊朗高原的古国,公元前6世纪时兴起,之后领土不断扩张,建立了一个庞大的帝国。其巅峰时期统治了70多个民族,5000万人口,领土700多万平方公里。公元前5世纪初,波斯对希腊半岛发动了长达50年的侵略战争,被希腊人打败。之后,波斯一直没放弃对希腊半岛的侵略,因此希腊社会对波斯十分仇恨。

您的家庭都尚且达不到和睦,您又如何令整个希腊保持稳定呢?"

听到这番话,菲利普马上表现出不悦:"亚历山大,你想说什么?"

"亲爱的父亲,作为您的儿子,我深感骄傲。同样,我的母亲,也就是您的王后,也深深地为您自豪。她经常称赞您是顶天立地的英雄,可见她是怎样深爱着您。"

"确实,你的母亲确实是一位好妻子。"

"可您是如何对待她的呢?您多久没去看过她了?您知不知道母亲因为忧思过度,常常以泪洗面,内心的忧伤只能用眼泪慰藉。"

菲利普有些惭愧,是啊,太久了,久到连自己都搞不清楚有多久没去看过妻子了。

"由于您对母亲的怠慢与疏忽,现在的马其顿后宫简直是乌烟瘴气。几个年轻的妃子恃宠而骄,时常做出僭越之举,她们在后宫骄横跋扈,为所欲为,甚至轻视您明媒正娶的妻子。"

对亚历山大所反映的情况,菲利普也有所耳闻,不过他平日并未放在心上。

"父亲,您是伟大的马其顿国王,如果您不能让后宫井然有序,又怎能期望整个希腊保持和睦呢?"

亚历山大有礼有节的责斥令菲利普顿生悔悟之心,他歉然道:"亚历山大,我的儿子,你说得很有道理,正是由于我对你母亲的怠慢,才使得后宫如此混乱不堪。今天,你我的谈话是男人与男人的对话,我以男人的尊严向你保证,以后我必定会抽出时间去陪你的母亲,以弥补我的过失。"

从此,菲利普闲暇时,总会抽空去看看自己的妻子。笑容又重新回到了亚历山大母亲的脸上。

① 亚历山大父亲的梦想是什么?
② 亚历山大用了怎样的比喻让父亲回心转意?

第五章　为了马其顿的荣光

亚历山大 16 岁时,开始了个人的军旅生涯。

他很快展现出了过人的军事天分,他曾率军奇袭米底人,又先发制人在喀罗尼亚战役①中对底比斯发动进攻。早年的这些英勇行为令父亲菲利普深感欣慰。国王的下属也对亚历山大颇为信赖,甚至菲利普在世时就开始尊称亚历山大为"国王",以表示对他的喜爱。

然而,幸福的时光却在亚历山大 20 岁时戛然而止了。马其顿势力的壮大,引起了波斯帝国的恐慌,他们不愿看到雄心勃勃的菲利普,在统一了希腊之后,转而将矛头对准自己,因此波斯人千方百计想要除去菲利普。尽管受到严密保护,但不幸还是发生了。菲利普在一次宴会上被一位贵族青年袭击,遇刺

---

① 喀罗尼亚位于希腊中部,公元前 338 年,马其顿军队在国王菲利普的领导下,与雅典及底比斯的联军进行交战,最终大获全胜,从此希腊处于马其顿人的控制之下。亚历山大参与了这次战役,并发挥了重要作用。

身亡。这位青年据称是受波斯人的鼓动,进行了此次刺杀。菲利普遇害的消息传出,原先臣服于马其顿的希腊人,起兵进行反叛;周边的蛮族也陆续宣布脱离马其顿的统治。

可以说,当时的马其顿到了生死存亡的关头,处境异常危险。在这种情况下,士兵们一致拥立亚历山大继承王位。然而,对如何处理这些叛乱,马其顿内部却出现了分歧,出现了主和派和主战派两种意见。

主和派认为:"亚历山大,我们的国王,您的父亲、我们亲爱的战友菲利普离开了这个世界,我们深表遗憾。先王是个绝佳的勇士,他带领我们获得了众多胜利,并彻底打败了希腊人,成为整个希腊的盟主。可是希腊人的臣服却非心甘情愿,他们的效忠也是受制于我们的武力威慑之下。希腊人对我们深恶痛绝,每年我国都要花费巨大精力去应付各种突发事件。现在老国王去世,马其顿内部不稳,我们已无力镇压希腊人的反抗。再加上那些蛮族火上浇油,要平叛更是难上加难。不如我们顺水推舟,默许他们的行为,使他们感念马其顿人的恩德,相信这种温和的处理方式会让他们死心塌地为我们效力的。"

亚历山大此时还沉浸在父亲去世的阴霾之中,听过主和派的发言,他马上露出异常坚定的表情,说道:"你是一位久经沙场的将领,现在竟然说出这样愚蠢的话!对希腊人和蛮族放纵,只会激起他们更大的野心。现在给他们独立,他们非但不会感激,反而会认为马其顿人软弱可欺,日后必定向我们索要更多的东西。待实力足够强大时,他们就要夺取我们的土地和财产了。对于叛乱,你的建议明显就是向他们示弱,想以怯弱的处理方式换取他们的尊重,这是一个彻头彻尾的错误。勇士们,现在唯一的自救之道就是向敌人发起猛烈的回击。任何屈从和退缩只会进行鼓励敌人对我们的欺凌。跟我一起去战斗吧,勇士们,让我们重现马其顿的荣光!"

亚历山大这段慷慨激昂的话语,迅速唤起了每个战士的雄心,甚至刚才一直坚持主和的将领也顿时老泪纵横:"亚历山大,我们的王,我为刚才那些软弱的话和表现感到惭愧,请求您的原谅。您的父亲如果泉下有知,一定会倍感欣慰的。"

说完,老将抹了抹眼眶中的泪水:"我恳求您,亚历山大,我们的王,请让我领兵去荡平这场叛乱吧,我要以胜利洗刷我刚才的耻辱!"

亚历山大从王座上缓缓踱下,紧紧握住老将军的手,说道:"我的前辈,你是好样的,让我们并肩作战吧!"

在场的马其顿将士情绪激昂,内心涌起了无限的勇气,全都摩拳擦掌,要为亚历山大效忠。

亚历山大亲自披挂上阵,带领马其顿士兵击败了希腊人和蛮族的反抗。

处置战俘时,亚历山大又恩威并施,展现出了高超的政治谋略。在对待反抗最激烈的底比斯[①]人时,亚历山大将俘

---

① 底比斯位于希腊中东部,是仅次于雅典和斯巴达的国家。这个国家在公元前4世纪达到鼎盛,打败了陆军最强大的斯巴达,名声大噪。之后,走向衰弱,在马其顿兴起的过程中,底比斯一直采取抑制的策略。

获的3万多底比斯人全部贩卖为奴；而处置雅典人时，亚历山大出于这座城市对希腊文明的杰出贡献，同时感念恩师亚里士多德的教诲，最终赦免了雅典人。

虽然亚历山大依靠武力镇压了叛乱，但他却不忘用自己的仁慈感化当地部族。如马其顿占领底比斯后，曾有一个士兵闯入一位贵妇家中，玷污了这名妇女。这名贵族女性受到了极大的屈辱，决心复仇。她谎称在马其顿攻城时，将家中的财宝藏于花园的水井里。该士兵信以为真，在妇女的带领下，来到水井旁。当他俯下身子往水井里寻觅财宝的踪影时，妇女趁此良机，从背后将其推入井中，并找来一块大石头将他砸死。

其他的马其顿士兵见状，将这名妇女带到亚历山大面前。亚历山大见她相貌高贵，举止文雅，即便是在如此危难的情况下，依然面不改色，镇定自若。

亚历山大感到十分好奇："真是一位特别的女性，你为什么要杀死那个士兵？"

妇女咬着嘴唇，略带愤怒地回答道："为了捍卫自己的名节！"

"你叫什么名字？"

妇女仍不卑不亢地介绍道："我叫提摩克利亚，我的哥哥曾在喀罗尼亚战役中担任底比斯的指挥官。那次大战中，我哥哥奋勇抵抗，最终被你的父亲杀死了。"

亚历山大沉思了一会儿，带着赞许的口吻说："你的哥哥在战场上令人印象深刻，他是一个真正的勇士，一位难得的将才。"

"对,他怀着必死的勇气和决心前往战场。他曾经对我说过,这一战他一定要捍卫希腊的自由。只可惜他失败了,以至于现在我又遭受了这样的屈辱。年轻人,你赐死吧,我做好与哥哥在另一个世界相见的准备了。"

亚历山大敬佩这名妇女的勇气,对她说道:"你是一位高贵的女性,我敬佩你的哥哥,也钦佩你的勇气。我决定要释放你,走吧,你自由了,带上你的儿女,去你们想去的任何地方吧!"

妇女有些不相信自己的耳朵,脸上掠过一丝吃惊的表情,但很快又恢复了平静。她向亚历山大表示衷心感激:"年轻的国王,感谢您的仁慈,使我和我的儿女们重获自由,愿万能的宙斯保佑您,赐您万福。您是人世间难得一见的君主!"

她的话让亚历山大颇为欣赏,不仅归还了妇女的全部财物,还给予了她更多的赏赐。

亚历山大这一明智的行为,也获得了马其顿其他将领的赞许,他们钦佩这个年轻人的才能,更敬畏他的赏罚分明与仁慈。

"我们的国王,亚历山大,您真是位伟大的国王!"将领们纷纷赞叹。

然而,亚历山大却没有表现出丝毫的骄傲,他只是平静地说道:"感谢亚里士多德,是他教会了我这些。"

叛乱平息后,亚历山大渐渐挨过了父亲去世的阴影,但一提到波斯,一想到父亲的被杀,他的内心就充满了愤恨。

亚历山大发誓：一定要血洗波斯，以慰父亲的在天之灵。为此，年轻的国王给亚里士多德写了一封信，诉说内心的苦闷和愤怒。

亚里士多德意识到事态的严重性，马上从雅典赶来拜见亚历山大，试图对这位年轻而高贵的国王进行安抚。

"亚历山大，你不能因为愤怒就迷乱了心智。要知道，一位伟大的国王，是不会轻易乱了心性，被厄里斯①所羁绊的。"

亚历山大犹自愤然地说道："伟大的亚里士多德，感谢您专程从雅典来看我。征服波斯是父亲的遗愿，我一定要实现他的梦想。"

"只是因为父亲的遗愿，还有其他原因吗？"

"为父报仇！"

"亚历山大，你如今已经是一位年轻的国王了。还记得13岁时，我们的一次谈话吗？你说自己的梦想是征服世界，那时候我希望你能除了用武力，更多的时候带着眼睛去看看这个世界。现在你看这个世界了吗？"

"尊敬的老师，我看到了，这个世界充满了暴力，贵族压迫平民，男人欺侮女人。"

"亚历山大，你说的很对。知道吗？东方的波斯，可能比你现在所看到的还要黑暗。那里的人民，受国王奴役，他们过着野蛮的生活，不知道光荣为何物，我们遵从的价值观在那里被肆意践踏。去解救他们吧，让他们过上像希腊人一样

---

① 厄里斯是希腊神话中的纷争女神，象征着不和。她到哪个地方，就会给那个地方带来争执，给敌对双方散布苦难与怨恨。在古代希腊，她是一位不受欢迎的神明。

的生活,让他们享受马其顿的荣光。用你那颗仁慈之心去关爱东方吧,甚至到波斯以外,更远的地方。切记,不要在鲜血和愤怒中迷失了自己。"

跟老师秉烛夜谈后,亚历山大茅塞顿开。年轻人重建了自己的梦想——征服波斯、远征东方,不再是简单的复仇,更是为了传播希腊和马其顿的荣光。

① 国王菲利普的死使当时的马其顿王国陷入了什么境地?

② 亚里士多德不仅是当时最伟大的哲学家,也是对亚历山大影响最深远的人物之一。他在关键时刻为亚历山大指点迷津,你认为亚历山大在老师身上究竟收获了什么?

第六章　我若不是亚历山大，我愿是第欧根尼

重新征服希腊后，亚历山大号召希腊各城邦的代表在希腊南部的城市科林斯举行大会。借此，亚历山大宣称这次战争，并不是为了奴役希腊人，而是为了团结广大的希腊城邦，共同抵抗东部劲敌波斯。希腊人与波斯人是世仇，存在极深的民族矛盾。早在公元前5世纪，波斯就开始对希腊发动了一系列侵略战争。希腊在雅典及斯巴达的带领下，暂时打败了这一强敌。可波斯人并未放弃吞并希腊的野心，一直不断地侵扰希腊，所以希腊非常仇视波斯，视波斯为自己的头号大敌。

亚历山大抓住了重点，他的这一政治宣传很快便收拢了人心，希腊人拥立亚历山大成为"反波斯同盟"的统帅，决定与亚历山大一起共同发起对波斯的战争。在科林斯期间，希腊各国政要和名人汇集于此，亚历山大忙于接见，不得脱身。

| 亚历山大大帝传 |

一天,总算有些空闲的亚历山大突然对身边的朋友说:"今天你们跟我去见一个人吧。"

朋友们很奇怪,问道:"什么人那么重要,需要你亲自去求见?"

亚历山大狡黠一笑:"第欧根尼①。"

第欧根尼是当时希腊非常著名的一位哲学家,他崇尚简朴的生活,希望摆脱世俗的束缚,无忧无虑地生活。他蓄着长长的胡子,半裸着上身,赤着双足,模样像极了乞丐。这位哲学家会在公共喷泉中,用泉水洗脸,向沿途经过的路人讨

要面包和橄榄。得到食物后,他会向路人表示感谢,却没有丝毫谄媚的表情。然后,他回到水池边,就着泉水吃下食物。他每天这样逍遥地活着,很多人称呼他是"狗",或是"疯子",可他却毫不在意。第欧根尼是个流浪汉,全部财产不过是一个木桶,一条毯子。他没有房子,最让人惊奇的地方是他住在一个破桶里。

---

① 第欧根尼是古希腊犬儒派哲学最著名的代表人物,该学派否定社会与文明,提倡回归自然,过清心寡欲的生活,轻视俗世的享乐风尚,要求人们摆脱现实利益追求善。第欧根尼的生活方式被视为该学派的典范。

然而，他不是疯子，而是一位伟大的哲学家。在科林斯，第欧根尼可谓人尽皆知，许多人见过他怪异的生活方式，更多的人听过他的名字。

在朋友的陪同下，亚历山大来到科林斯郊外的一条大道上，向路人询问第欧根尼的住处。

这位路人很快就发现询问他的竟然是大名鼎鼎的亚历山大国王。路人向亚历山大致敬："尊敬的亚历山大陛下，您为什么要找第欧根尼啊？恐怕他的怠慢会冒犯您的，他的住处离此地不远，就在那个方向。"

亚历山大向路人表示感谢，顺着所指的方向，慢慢踱去。

一些科林斯人闻知亚历山大要拜访第欧根尼，为了让后者有所准备，就匆匆跑去告知这位哲学家："第欧根尼啊，伟大的亚历山大国王要来拜访你了，你还是打扮一下吧。你瞧你，多久没刮过胡子了，多长时间没洗澡了。我们老远就闻到你身上的臭味了，快从这个破桶里出来吧，现在还来得及准备，待会儿亚历山大国王就要来了。"

第欧根尼对他们的提醒听而未闻，他在破桶里伸了伸懒腰，若无其事地说道："请不要打扰我睡觉，我正在享受白天的梦境，你们这群庸俗的人休来打扰我！"

这群好心相劝的人自觉没趣，有些怪罪地说："第欧根尼啊，你可不要以这种傲慢的态度去激怒亚历山大，他可不像我们这样好脾气！"

老哲学家根本就不愿理会这些人："我就是我，第欧根尼！"

不久，亚历山大和朋友们便来到了第欧根尼的身边，站在了木桶旁。

由于长时间不洗澡，阵阵臭味从这位哲学家身上散发出来，亚历山大的一些朋友受不了这个味道，不自觉地捂住了鼻子。第欧根尼在人群中瞥见亚历山大，并没有任何表示，还是一动不动地躺在木桶里。

亚历山大的一个朋友看不惯他的傲慢，大声提醒："第欧根尼，伟大的亚历山大在此，你怎么还不起身迎接啊？"

第欧根尼还是没有任何回应，仍然在木桶里不发一言。亚历山大的朋友对此气愤万分，准备把他从木桶里拖出来。然而，亚历山大非但没有生气，反而劝阻众人。接着，亚历山大躬下身子，以示自己对长者的尊重，说道："第欧根尼，很荣幸见到你，请问我可以为你做点什么吗？"

旁边的科林斯人都暗暗嫉妒，心想要是亚历山大对自己做出这样的承诺那该有多好啊，自己就可以跟他要求很多的金银财宝，索要极高的官职了。

第欧根尼听到亚历山大的话，神情没有一丝转变，只是以一种鄙夷的眼神瞧了一眼亚历山大："你的提议很好，那就请你站开一些吧，不要挡住我的阳光。"

周围的人听到这句话，纷纷被第欧根尼激怒。亚历山大的随从们更是已经怒不可遏了。科林斯人对第欧根尼的不识趣感到无奈，同时也为他捏了一把冷汗：亚历山大不会因为这事儿对他进行惩罚吧？这是极有可能的，他会被马其顿人杀死，弄不好第欧根尼的这一行为还会牵连其他科林斯人,那就糟了,我们刚获得的安宁,现在就要被他全毁了。然后,他们开始懊悔,怎么刚才没早点阻止亚历山大来见他呢!

众人的愤怒与焦虑并没有影响亚历山大,他反而被第欧根尼如此赤诚的话语所打动:一个人竟可以活得如此纯粹,这让他大为惊奇。他很有礼貌地告别了第欧根尼,带着朋友返回科林斯行宫。回去的路上,有的朋友依然愤恨于第欧根尼的无礼,有的则嘲笑他的不通人情。

亚历山大却停下脚步,很认真地对朋友说道:"我若不是亚历山大,我愿是第欧根尼!"

世界上没有一样的树叶,也没有完全相同的个人。以平和的态度尊重差异,你收获的不仅是一份内在的气质,更多的是他人的肯定和尊重。尊重如镜里镜外,敬人者人恒敬之。

阅读思考

① 第欧根尼怎样的表现让旁人愤愤不平抑或担心不已?

② "我若不是亚历山大,我愿是第欧根尼!"亚历山大的这句话表明他是如何看待第欧根尼的?

第七章 为自己留下希望

希腊的局势稳定后,公元前334年,22岁的亚历山大率领反波斯联军,开启了古代历史上最伟大的征程。

当时联军的军力只有3万步兵和4000多骑兵,出征的军饷也是少得可怜,根本不够一支庞大军队的开支。没有办

法,亚历山大只能举债,另外筹集军费。由于非本土作战,资金又如此有限,所有联军士兵的粮草只能支撑30天。

尽管条件恶劣,但亚历山大登船前,却并未考虑个人的安逸,反而不断询问部下所面临的生活难处。

他首先走向好友赫菲斯提昂,问道:"赫菲斯提昂,我发现这几日你总是愁眉不展,能否让我分担你的烦恼呢?"

赫菲斯提昂感激亚历山大的关心,摇了摇头:"没事,我的兄弟,亚历山大,你已经奔波数日未曾休息了,现在好好休息一下吧,不要为我的事发愁了。"

亚历山大取下头盔,露出疲惫的脸庞,最近一直为远征的准备操劳,他确实已经数日未眠了,这消耗了他的大量精力,但是面对自己的朋友,他还是一脸真诚地说道:"赫菲斯提昂啊,不要把我当外人,不要忘了,我们是从小一起长大的,亲兄弟也不会有咱们这么好的感情。说吧,有什么难处,看我能不能替你分忧。"

赫菲斯提昂回忆起两人成长的点滴,亚历山大的这份真诚实在让他无法拒绝,于是他对国王说道:"亚历山大,我即将随你出征远方,能够跟你一起为马其顿而战让我倍感荣耀,然而这一路征途漫漫,不知道何年何月才能回到家乡。你知道我是家中独子,家里尚有一母,而我现在又未婚娶,所以母亲独自在家,无人照顾,让我非常担心。万一她生病了,旁边端汤送药的人都没有,这可如何是好啊!"

亚历山大拍了拍好友的肩膀,安慰道:"放心吧,兄弟,你不要再为母亲的事担忧了。我会派人将她接入王宫,仆人会像照料我的母亲那样照顾她的。"

赫菲斯提昂为朋友的体贴感动万分,一个劲儿地点头,表示对亚历山大的感激。

亚历山大哈哈大笑:"勇士们,你们有什么困难,就像赫菲斯提昂一样提出来吧,我都会尽量帮你们解决的。"

大家不知道国王能不能满足自己的愿望,因此不敢大胆地说出来。

亚历山大见大家面露难色,首先走到托勒密的身旁,托勒密是联军的骑兵长官。

"托勒密[①],我的爱将,我知道你很喜欢收集宝剑,你看我手中这把长剑如何?"

托勒密眼睛一亮,答道:"国王陛下,您手中的宝剑锋利极了,可以说是万里挑一啊!"

"今天我就把它送给你,希望你用它多立战功,为家族争光,为子孙添福。"

托勒密欣喜万分,当即向亚历山大表示感谢。

就这样,亚历山大走到每一个战友身边,这个赐予别墅、田地,那个赐予丝绸、奴隶。结果,亚历山大几乎把整个马其顿王室的产业都赠给了底下的士兵。

手下一个负责记录的文书颇为好奇,询问亚历山大赠了那么多东西,那还给自己留下了什么呢?

---

① 托勒密是马其顿贵族的后代,是亚历山大非常重要的一名部将,在亚历山大死后,托勒密占领了埃及,建立了托勒密王朝。托勒密家族对埃及的统治一直持续到公元前1世纪,为恺撒所终结。

亚历山大答道:"未来的希望。"

文书顿有所悟,诚挚地说道:"您的士兵定会与您同甘共苦,为您肝脑涂地,直到永远!"

亚历山大统治版图的不断扩大,不是他一人之力的结果,是无数马其顿将领和士兵冲锋陷阵、浴血奋战的殊荣。

有时,我们可能会失去一些东西,但失之东隅,收之桑榆,表面上短暂的失去为的是长久的收获。物质的拥有终究有限,精神的获得才真正无价。

① 远征即将开始,面对朋友和士兵的担忧,亚历山大是怎样做的?

② 亚历山大慷慨地散尽财宝,他是否变得一无所有了呢?

第八章 阿喀琉斯墓前的感伤

在亚历山大的率领下,联军舰队跨越爱琴海,到达了彼岸。离海岸线不远的地方,有一片古老战场的遗址。就是在这片神奇的土地上,曾展开了一场大战。这场大战至今仍为人们所歌颂,因为盲人诗人荷马记录了这场战役,并以此创作了不朽的诗篇《伊利亚特》。而这正是亚历山大最喜爱的作品,他曾数百次阅读此书,至今仍将它带在身边陪伴他远征。

《伊利亚特》描绘了众多英雄人物,阿喀琉斯、埃阿斯、奥德修斯、帕里斯[①]、赫克托耳[②]等。

对于亚历山大这些人物再熟悉不过了。在这些英雄

[①] 帕里斯为特洛伊王子,是古代西方著名的美男子,生性风流,拐走了有希腊第一美女之称的斯巴达王后海伦,引起了战争。战争中,他用箭射死了阿喀琉斯。

[②] 赫克托耳为特洛伊王子,帕里斯的哥哥,被誉为"特洛伊之墙",是特洛伊的第一勇士。一度在战场上扭转乾坤,后来明知是死,却毅然出城与阿喀琉斯决斗,在决斗中被杀死。

在这片神奇的土地上,曾展开了一场大战。这场大战至今仍为人们所歌颂,因为盲人诗人荷马记录了这场战役,并以此创作了不朽的诗篇《伊利亚特》。

名家名言

把财富分给别人,把希望留给自己,她将带给我无穷无尽的财富。

名家名言

当正义之剑挥出之时,听到作恶者的哭嚎是必然的!

人物中,阿喀琉斯是这次战争中的头号英雄,声名显赫,也是亚历山大最崇拜的英雄。他曾在脑海中,数千次想象阿喀琉斯与特洛伊英雄赫克托耳决战的场景,那该是何等震撼啊!

虽然阿喀琉斯常被认为是神话传说中的人物,但他给亚历山大带来的影响却无法估量。对亚历山大来说,阿喀琉斯就是一个梦,一个完美勇士之梦、一个英雄之梦。

亚历山大从幼年时代就听闻过他的传奇故事,渴望像阿喀琉斯一样建立不朽的功业,在战场书写华丽的篇章。他经常自称是阿喀琉斯的"后人",因为据他母亲所说,英雄阿喀琉斯是她的祖先。基于母系血统的关系,亚历山大终于与自己的偶像建立起了联系。这一点让他非常自豪。

当马其顿人踏上特洛伊遗址时,他们中最激动的莫过于亚历山大了。

"朋友们,你们看看这些断壁残垣,谁能想到一千年前这里曾矗立着人类历史上最宏伟的城市。"亚历山大激动地说道。

赫菲斯提昂也感慨道:"是啊,那些希腊勇士为了夺回一个女人渡海远征,大部分都战死在这儿了。"

"不,"亚历山大马上对他的朋友进行反驳,"他们不是为了夺回海伦,而是为了让自己的声名不朽,为了争夺英雄的荣誉,为了表明希腊勇士远远强于特洛伊。阿喀琉斯如此,帕特洛克罗斯①也是如此。"

大部分士兵都从荷马的作品中了解过这次战争的惨烈，或是在父辈的讲述中有所耳闻，面对眼前苍凉的景象，淡淡的忧伤不禁慢慢浮上心头。

亚历山大向赫菲斯提昂挥了挥手，示意他："我的朋友，咱们去寻找阿喀琉斯的墓地吧，其他人在这边先好好安顿一下。"

在朋友的陪伴下，亚历山大找到了埋葬希腊勇士的墓地，而找到阿喀琉斯的墓碑并不困难，因为他的墓地安放在了最显眼的位置。

亚历山大抹去墓碑上的尘土，鞠躬致意道："阿喀琉斯，我的祖先，我为自己身上流淌着你的血液而骄傲！"

"你曾率领希腊勇士来到这儿；现在，你的后辈经过这里，他要继续你光荣的征途，去东方建立不朽的荣耀，开拓永世的辉煌！我为是你的子孙而自豪，今天请你在这里见证：我，亚历山大，会去创造更辉煌的成就，让你同样因有我这样的子孙而自豪。"

赫菲斯提昂感受到朋友的万丈雄心，他把手放在亚历山大的肩上，说道："我的朋友，你是这个时代最棒的勇士，阿喀琉斯如果知道自己的子孙能够像你这样出色，他必定会非常欣慰。"

---

① 帕特洛克罗斯是阿喀琉斯最好的朋友，两人从小一起长大，一起接受军事训练。特洛伊战争爆发后，两人一同来到特洛伊，是希腊联军的两员猛将。后来在决斗中被特洛伊王子赫克托耳所杀。

"赫菲斯提昂,谢谢你的赞美。我决定,不征服波斯,就不活着回马其顿,请你为我见证。"

"亚历山大,你总是那么富有勇气和决心。"

亚历山大继续说道:"如果我阵亡,你一定要为我复仇。"

"肯定会的,就像阿喀琉斯一样。"

亚历山大指了指阿喀琉斯旁边的一块墓地,这块墓地的规模仅次于阿喀琉斯,这里埋着他的战友、最好的朋友帕特洛克罗斯。

亚历山大说道:"至少我觉得帕特洛克罗斯是幸福的,因为他死后,有最好的朋友替他复仇。现在这两个朋友又都葬在一个地方,两个人都不会觉得孤单。"

"确实如此,亚历山大,他日我若战死,你也一定要为我报仇。"

"我的朋友,你就是我的'帕特洛克罗斯'。朋友,咱们赛跑吧,就像阿喀琉斯跟帕特洛克罗斯年少时那样。"当时的马其顿也跟希腊人一样,喜欢以竞技比赛来表达对英雄的敬意。

赫菲斯提昂跃跃欲试,高声喊道:"来吧,亚历山大,看看你当了王之后,有没有进步。"

之后,两个人再次来到阿喀琉斯的墓前。

亚历山大曾听过一个古老的传说,在阿喀琉斯墓旁,仍放着英雄用过的盾牌。

亚历山大真地发现了盾牌!

他手握盾牌,颇感荣耀地说道:"我可能是一千年来,第一个发现盾牌的人,我是继阿喀琉斯之后,这件宝物的第二个拥有者！"

亚历山大向这位英雄做了最后的告别："阿喀琉斯，为我祝福吧，我会用行动实现对你的诺言。"

此后，亚历山大和朋友离开了特洛伊，继续他们的航行。

① 你知道特洛伊战争的故事吗？
② 亚历山大将以怎样的行动让阿喀琉斯为有这样的子孙而自豪？

第九章　大战黑白双煞

在获知亚历山大组织"反波斯联盟",要对波斯发动进攻的消息后,波斯国王大流士预先进行了备战。他在格拉尼库斯河设置了波斯的第一条防线,这条河是通向亚洲的必经之路,易守难攻。

大流士派出两位将领进行防御,一位名叫里撒希克斯,另一位是斯皮思睿达迪斯。

两人都是波斯猛将,其中里撒希克斯面色黝黑,素有"黑旋风"之称;斯皮思睿达迪斯面容白皙,所以得名"白无常"。由于两人相貌均丑陋凶恶,所以又被人为称"黑白无常"。

联军在格拉尼库斯河的一侧安下营寨,士兵们开始忙碌。亚历山大则召集联军主将查看周围地形。

托勒密望了一眼格拉尼库斯河,发出感慨:"这条河真宽啊,你们听听水声,想必水流速度一定极快。"

"不错!"其他将领应和道。

"我看这条河不仅宽,还很深。"说话的是另一位马其顿大将,他往河中扔了一块石头,过了一会儿才沉入水底。

其他人也补充道:"你们说的都非常正确,大家再看看,上岸之后,河岸有一片陡坡,波斯军队必定在那儿重兵防守,这种地形对我们极为不利。"

亚历山大对众人的看法,表示赞同,但他仍然镇定自若:"勇士们,要是在这么一点困难面前就退缩,岂不是让特洛伊的英雄们耻笑吗?跟我去战斗吧,咱们今晚就突袭波斯,打他们个措手不及。他们不会料到,咱们那么快就发动攻击。"

另一位将领却提出了自己的看法:"亚历山大,勇敢的国王,我们钦佩您的勇气,可是现在天色已晚,如果夜间渡河,不熟悉周围地形,军队容易遇到危险。"

亚历山大微微一笑,说道:"相信我,这是最佳时机,收获总是与你承担的风险成正比的。"

于是,那些将领不再做任何辩驳,其他人也默默回到自己的营帐,着手准备晚上的突袭。尽管已经预知到晚上的艰难,但他们却毫不退缩,因为大家相信亚历山大。

在伸手不见五指的夜里,联军士兵开始悄悄地渡河了。先遣军队是亚历山大所率领的13队马其顿骑兵。周围太安静了,除了潺潺水声,就只剩下战士和马匹的呼吸声。

波斯营帐已经近在眼前了,亚历山大和士兵们都有些激动。看来,波斯人根本没有察觉马其顿晚上的军事行动,所以岸边只有三三两两的士兵在巡逻,火把也是零星出现。

骑兵们上岸了,亚历山大最先爆发出呐喊:"勇士们,为了宙斯的荣誉,冲锋吧!"

在亚历山大的鼓舞下,13队骑兵发出了如雷霆般的喊杀声,他们以迅雷不及掩耳之势杀掉岸边的波斯士兵后,迅速翻身上马向着陡坡冲杀过去。后面的大军队在各自将领的带领下,也开始渡河了。

铺天盖地的马蹄声、喊杀声将睡梦中的波斯人惊醒,他们得知亚历山大上岸的消息后,仓皇失措,甚至来不及穿上盔甲,就已被俘虏。

尚未被俘的波斯人马上占据陡坡上方的有利地形对联军进行阻击,如骤雨般的箭矢和标枪从天而降。

上坡之路不仅陡峭,而且泥泞,这又为马其顿骑兵制造了新的麻烦。马其顿人来不及整理骑兵队形,就赶忙向上发起冲锋,他们要抓紧一切有利时机。

前方火把越来越亮,陡坡上布满了波斯人,但仓促应战也使他们的队形混乱不堪。

马其顿人也点燃了火把,顺着亮光,冲在最前面的是一个身着银色盔甲,头戴灰色头盔的少年。

他左手握着闪闪发光的盾牌,右手挥舞着令敌人闻风丧胆的宝剑,如天降神明一般,来到波斯人面前。

那就是亚历山大,马其顿人的领袖,年轻的国王,伟大的勇士!

亚历山大一往无前的精神带动了士兵更勇猛地冲击,先遣军队登上了陡坡,与波斯军队短兵相接。

火把越来越亮,照亮了每个战士的脸庞。

波斯人也爆发出惊天动地的喊声,他们试图趁马其顿人立足未稳,将他们一举消灭。这是一场典型的遭遇战,狭路相逢勇者胜。

波斯人喊道:"看吧,那个手持金盾的年轻人,就是他们的国王,我们把他杀死,去领赏!"

亚历山大手中的盾牌非常醒目,很容易就被波斯人认了出来。他们从各处对他展开包围,发动攻击。士兵眼见主帅遭到围攻,纷纷支援亚历山大。

很快,双方陷入了僵持。

亚历山大在解决了3个波斯人后,突然听到从波斯阵中传出一声惊雷般的呵斥声。波斯士兵纷纷让开,从中杀出一个彪形大汉,身高八尺有余,面容漆黑,这正是"黑白双煞"中的里撒希克斯。

里撒希克斯也认出了亚历山大,大喊道:"你就是亚历山大!"

亚历山大见来者不善,用手一抹脸上的鲜血和汗水,准备迎敌。

里撒希克斯的武器是两把战斧,挥动起来呼呼作响。亚历山大以长剑迎击,勉强可以抗住他的力道。

亚历山大不仅勇武,而且善用谋略,他深知单纯比拼力气,自己不是里撒希克斯的对手。因此,他往后退了几步,腾出了有利作战的空间。

里撒希克斯见亚历山大后退,以为是年轻人胆怯,变得有些得意:"你这个乳臭未干的小子,这么几下就把你吓着了,你还是快点滚回家去吧!"

亚历山大未跟他做过多口舌之争,毕竟战场上靠刀剑说话。他将盾牌放在胸前,向里撒希克斯做出挑衅的手势。

里撒希克斯被亚历山大激怒,举着双斧,大喊:"再吃我几斧!"

亚历山大在他将要靠近的瞬间,高高跃起,右手刺出了手中的长剑。剑光一闪,亚历山大的长剑划过里撒希克斯的咽喉,一道鲜血喷涌而出。

里撒希克斯睁大了双眼,根本不敢相信这么俊俏的少年竟如此强悍。他从未碰到过这样强大的对手,从未受过如此大辱。可是只要一次就够了,只要一次就让他离开了人世。

里撒希克斯的嘴巴还大张着,似乎想说些什么,但很快就没了力气,闭上了双眼。

亚历山大的士兵们见敌方主帅被杀,士气大振,攻势很快压过了波斯人。

波斯军队见主帅已殁,完全丧失了抵抗的勇气。越来越多的士兵丢盔弃甲,溜之大吉。

可他们没跑多久,就被一位手持大刀的将领阻截了回来。士兵停止撤退,他们发现这是另外一位主帅斯皮思睿达迪斯。

"白无常"斯皮思睿达迪斯的武艺不亚于里撒希克斯,他惨白的脸色在黑夜里更显得阴森恐怖。

斯皮思睿达迪斯命令波斯人跟随他重新夺回阵地,士兵畏惧他的凶残,只能随在他的身后,重新冲锋。

斯皮思睿达迪斯听说好友命丧战场,怒不可遏:"好你个臭小子,胆敢杀死我的兄弟。看我今天不把你给灭了,割下你的项上人头,来祭奠我兄弟的在天之灵!"说完举刀就向联军士兵劈来。

斯皮思睿达迪斯勇不可挡,在他身边的马其顿士兵一个个倒在了他的刀下。

此时,亚历山大经过刚才一场恶战,已经略感疲惫。当他发现"白无常"时,只得强打精神,拿出十二分的气力准备迎战。

战场上很快形成了亚历山大和斯皮思睿达迪斯一对一决斗的状态。

斯皮思睿达迪斯率先展开进攻,他甩起大刀,直接砍向亚历山大的面门,亚历山大用盾牌抵挡,将其推开。双方又相互后退,保持十步的距离。

他们四目相接,怒视对方,等待决斗僵局的打破。最先发力的依然是斯皮思睿达迪斯,他已被愤怒所左右,急切地想要报仇。

只见"白无常"抡起大刀,脚步快速移动,这一回他决心不再失手,要一刀令亚历山大毙命。亚历山大也不敢怠慢,思考破敌之策。他认为对待这样的劲敌只能兵行险招。

斯皮思睿达迪斯大喝:"小毛孩,吃我一刀!"

当对方举刀砍来的一瞬,亚历山大猛地抬起盾牌,右手伸出长剑。

斯皮思睿达迪斯认为在几乎贴身肉搏的状态下,他这一砍必定能够结果亚历山大。没想到盾牌这一挡住,他只砍掉了年轻人头盔上的一簇羽毛,却因为进攻心切暴露了自己的下盘,亚历山大的长剑顺势刺入了他的腹部。

亚历山大险中求胜,心中不禁暗暗感激:"阿喀琉斯,谢谢你的宝盾!"

斯皮思睿达迪斯阵亡后,波斯人眼见两位主帅先后毙命,可以说是闻风丧胆,现在任何理由都不能阻挡他们逃跑的步伐。

波斯士兵不顾一切地丢下武器,四散而逃。而联军的后援军队也已到,立刻投入到追击之中。丢盔弃甲的波斯人彻底没了队形,等待他们的不是死亡,就是被俘。

经过两场恶斗的亚历山大,已经精疲力竭,他坐镇指挥军队一鼓作气,清剿波斯残部。

一个小时左右,战斗结束了。

波斯军队在大战中损失了2万多步兵和近3000骑兵。

亚历山大一方,只战死了34人[①]。这实在是一场令人惊奇的大胜仗。

为了纪念这些阵亡的战士,亚历山大命令工匠给每个人

---

① 格拉尼库斯河之战,双方损失对比悬殊。

| 亚历山大大帝传 |

都建造一尊雕像,并铭刻上他们的名字,附上铭文:与伟大的亚历山大一起在格拉尼库斯河战斗,奉献了生命。

亚历山大以这样的方式表达了对每个战士的敬意。

① 亚历山大采取了什么战术,最终打败了波斯大军?
② "黑白双煞"实力惊人,却都沦为亚历山大手下败将,命丧战场,你认为他们失败的根本原因是什么?

第十章　我给你喝下的是毒药

格拉尼库斯河之役后,反波斯联军在亚洲站稳了脚跟,占领了波斯沿海一些重要省份,从而解决了军队粮草补给问题。可是,联军却在西里西亚停滞不前,因为亚历山大劳累过度,生病了,而且病得非常严重。军队中的医生都被请到亚历山大帐中,进行诊治。然而,所有医生都不敢用药物进行治疗,害怕万一诊治不当,统帅出现三长两短的话,那些马其顿将领、亚历山大的朋友们就会怪罪自己,搞不好性命不保。另外,军营中到处传言:波斯国王大流士已经收买了医生,准备要毒死亚历山大。

由于得不到及时救治,亚历山大病了很久,长期的病痛使他变得异常虚弱。

他的朋友们焦急万分,尤其是赫菲斯提昂更是十分激动,他冲着那些医生喊道:"你们这些希腊医生,难道都不会救人吗？你们看看，他在床上已经躺了几个月，这几天更是高烧不退，为什么那么久了，你们都不能想出一个解决的办法？"

大帐里鸦雀无声，没有一个医生敢回答赫菲斯提昂。这彻底激怒了亚历山大的朋友。

托勒密拉出一个离他最近的医生，有点失控地喊道："你告诉我，亚历山大生的是什么病？你能治好他吗？"

这个医生被托勒密吓到了，支支吾吾地回答："我实在不清楚……亚历山大得的什么病……所以我根本也……不知道应该开什么药物。"

马其顿的这些将领如无头苍蝇般，完全没有对策，大帐里再次陷入了安静。突然，阿卡纳迪亚人腓力从帐外走了进来，打破了这种平静。

腓力声音不高，却很冷静地说道："我有办法治好亚历山大。"腓力的话一下子吸引了所有人的注意。其他医生都怕治不好亚历山大会受到怪罪，而不愿医治。只有腓力看重自己跟亚历山大的友谊，不愿朋友再受病痛的折磨，冒险给他治病。

那些将领都以怀疑的眼光看着他，有人问道："腓力，你确定能治好亚历山大吗？"

腓力坚定地回答："能，请让我给亚历山大治病，我愿意立军令状，如果治不好，依军法处置。"腓力的勇气令其他医生钦佩，同时也不免为他担忧：要是没治好亚历山大，你的小命可就不保了。

腓力做了这样的保证后,马上让人寻找药材,之后就去煎药。此时,亚历山大已经苏醒,看到自己的朋友,他也有些兴奋:"腓力,我的朋友,很感激你能为我治病。"

腓力看着面色苍白的亚历山大,心疼地说道:"亚历山大,你病得这样严重,快喝下这碗药吧。喝完后,你肯定又会精神百倍,生如猛虎了。"

这时,营帐外突然传来传令官的声音:"国王陛下,紧急信函到!有重要情报向您汇报。"

亚历山大让传令官进来,接过书信,只见上面写着:阿卡纳迪亚人腓力已经被大流士收买,大流士答应腓力只要毒死你,就将女儿嫁给他。请务必对他严加防备。

亚历山大看过文书后,什么话都没说,静静地将文书放在了枕下。

腓力端着药走进来,亚历山大高兴地接过,同时从枕头下取出文书,带着信赖的眼神说道:"我的朋友腓力,这份文书是有关于你的,你可以看一下。"

腓力看过文书,异常气愤,对这种诬陷深恶痛绝,感到自己的人格受到了怀疑。他跪在地上祈求:"誓言之神宙斯①,请你为我证明,我怎么会害自己的朋友亚历山大呢!"

亚历山大痛快地喝下了汤药,没有丝毫的疑虑。

腓力见状,为朋友对自己的信赖而感动。感动之余,跟亚历山大开起了玩笑:"亚历山大,我给你喝下的是毒药,你

---

① 宙斯既是天神,又是誓言之神。按照希腊人的观念,如以宙斯起誓,却又违背誓言,将会受到宙斯的惩罚,所以任何人都不能违背誓言。

怎么那么快就喝完了,难道毒药真有那么好喝吗?"

亚历山大回答道:"腓力,喝下朋友的毒药也是幸福的事啊!"

由于药效强烈,亚历山大很快便沉沉地睡着了。

他昏迷期间,腓力一直伴其左右悉心照顾,把所有精力都投在了亚历山大身上。在好友无微不至的照料下,亚历山大终于恢复了健康。

因为对朋友的充分信任,亚历山大赢回了健康,赢回了生命,更赢得了一份天长地久的友谊。生活中常常也是如此,单丝不成线、独木不成林。危难时,朋友往往是最宝贵的财富;而信任,是交友的第一原则。不要让怀疑蒙蔽了双眼,因为怀疑背后,你失去的不仅是友谊,还有他人对你的信任。

① 为什么众多军医不敢医治亚历山大?
② 收到急函后,如果亚历山大选择怀疑,后果可能会怎样?

第十一章　与我决斗吧，大流士

亚历山大养病期间，波斯国王大流士认为对手必定是胆怯了，所以未向波斯继续进攻。

大流士斜靠在躺椅上，跟他的心腹们说道："你们看，亚历山大想必知道自己在格拉尼库斯河是侥幸获胜，他越深入波斯腹地，越能体会到咱们的强大。现在他肯定是害怕得不敢出西里西亚了，哈哈！"

大流士身边的太监们都是一些狡诈之人，他们总是通过阿谀逢迎获得国王的喜爱，以求得到更多的赏赐："您是世间最伟大的国王，亚历山大这样的小毛孩在您面前根本不值一提，要想与您斗，他还差得远呢！"

有些人更为夸张地吹嘘道："要我看，消灭这个黄毛小子根本不需要大王亲自出马，陛下只要修书一封对他加以警告，就足以让他闻风丧胆。"

"对啊,他那种匹夫之勇哪能与陛下的睿智相比,大王吃过的盐比他吃过的饭还要多。"

大流士在这些吹捧下变得飘飘然起来。他拥有异常庞大的军事实力,仅眼前就已经集合了60万之众,而据他得到的可靠情报,亚历山大军队不过区区3万人。60万对3万,在他看来,这场战争根本没有什么悬念。

几天后,从联军内部叛逃了一个叫阿明塔斯的马其顿将领。他给大流士带来了一个情报,亚历山大现已康复,要率兵从西里西亚出发,寻机与大流士决战。

大流士对阿明塔斯的到来并无多大热忱,因为这位波斯国王觉得即使没有他的情报,自己也可轻而易举打败亚历山大。

国王躺在华丽的躺椅上,旁边的侍女马上递上一颗葡萄。大流士把葡萄放在嘴中,慢慢咀嚼。期间,未正眼看过一次阿明塔斯。联军叛徒只能尴尬地跪在地上,忍受这份屈辱。

当大流士享受完美食,好像才记起阿明塔斯,他以傲慢的口吻询问道:"你叫阿明塔斯对吧,你是说亚历山大要主动与我决战?"

阿明塔斯内心有些愤懑,但是已经走投无路,只得忍气吞声道:"是的,我伟大的国王,亚历山大已经从西里西亚出发了。"

大流士哈哈大笑:"世间哪会有这么傻的人啊,竟然要以3万人对抗我60万大军,还主动送上门,这不是典型的送羊入虎口吗？亚历山大肯定是疯了！"

阿明塔斯曾看着亚历山大长大，非常了解这个年轻人的性格。他和大流士说道："国王陛下，不主动出击就不是亚历山大了，这就是他的风格。您千万不能轻视他，他的勇敢与谋略远胜于他的父亲菲利普，可以说他是我平生所见最杰出的人物了。"

大流士顿时不悦，说道："难道你认为亚历山大在我之上？"

阿明塔斯见自己说话不慎惹恼了大流士，马上否认道："万能的大流士国王，小人不是这个意思！他哪能跟您相比，他不过是马其顿人中最为杰出的而已。"

大流士无心与阿明塔斯在这些言语上纠缠，便说道："不管你是不是言不由衷，总之我会在战场上证明，我是远远强于亚历山大的。"

大流士思考了一会儿，又接着说道："我要在伊苏斯与亚历山大决战，这个地方多山谷和隘道，波斯军队可以在那儿设伏，到时候马其顿军队进得来出不去，我要生擒亚历山大！"

阿明塔斯是一个经验丰富的将领，很真诚地对大流士说道："大流士，伟大的国王，您千万不能在伊苏斯与亚历山大作战！这个地方多山地，少平原，实在不利于兵力占多数的一方，军队无法铺展开来。另外，波斯军队相较于马其顿军队，骑兵占优，而在山地作战，骑兵根本无用武之地！"

阿明塔斯的分析是十分准确的，但大流士是一个刚愎自用的人，根本听不进任何意见。他颇为不悦地说道："你这是在质疑我的军事部署吗？你难道想让亚历山大逃脱吗？"

阿明塔斯见自己一片好心，却被随意践踏，便不再跟大流士提任何建议了，索性顺着他的意思打了个幌子："不敢啊，英明神武的大流士王，您永远是最睿智的，在军事谋略上没有任何人可以与您相比。"

大流士听到这番话，心里感到顺畅和愉快了许多。他马上下令，让军队出发，自己要亲自领兵，在伊苏斯与亚历山大做一次大决战。

联军那边，亚历山大身体已经恢复。主帅回到队伍中，对士兵是一种极大的激励。战士们纷纷向亚历山大致敬，表示了自己对他的想念。

"勇士们，我们已经打探到大流士就在前方，跟我一起战斗吧，光辉就在眼前，让马其顿为你们骄傲，让希腊为你们自豪！"

不几日，联军与波斯军队几乎同时到达伊苏斯。双方士兵发现对手后，都颇为诧异。

大流士知情后，迫不及待地要求60万大军提早发动攻击。虽然波斯军队在人数上占有明显优势，但由于波斯的士兵来自不同民族，相互间语言不通，因此组织十分混乱。交战中，阿明塔斯的预言得到了印证，波斯军队根本不能发挥人数上的优势，对联军发动攻击。尤其是骑兵,已经在狭小的山地里乱作一团,根本谈不上组织冲锋。

亚历山大也决定趁波斯人立足未稳之际,打他们一个措手不及。他命令联军中最精锐的军队组成方阵,冲锋在前。这种方阵被称为马其顿方阵,马其顿方阵训练有素,一般以16人为一行,每人手持6米长矛①,迅猛出击;希腊人负责殿后,骑兵负责在侧翼包抄。

联军士兵以横扫千军之势向前进攻,亚历山大手持金盾为士兵加油鼓劲。

大流士眼见军队调动困难,对自己当初一意孤行后悔不已,但现在为时已晚了。波斯人即将大败。

大流士毕竟不是普通人,他决心以一己之力扭转战局。在混乱中,他发现了一位身穿白色盔甲、手持金盾的少年。

阿明塔斯马上向大流士指认:"看,那个神一样的男子,就是亚历山大,只要解决了他,联军便群龙无首,马上就会方寸大乱。"

大流士这回听从了阿明塔斯的建议,马上招呼他的亲卫队:"士兵们,看见了吗?那个就是亚历山大,杀了他,我就赏黄金万两。"

重赏之下必有勇夫,这些贪婪的波斯人,一听到国王的

---

① 马其顿在亚历山大父亲菲利普统治时,采用了6米的长矛,是普通步兵长矛的2倍。3米的长矛方阵能够展开攻击的是方阵的前3排,而6米的长矛可以展开攻击的是方阵的前5排,多了2排,所以威力大很多。

赏赐,眼睛都开始发亮。他们挥舞着手中的武器,向亚历山大冲去。大流士身披黄金战甲,头戴金色头盔,也紧随其后冲杀了过去。

亚历山大很快发现了危机,他迅速招呼士兵前来应战,双方展开肉搏。亚历山大发现这群波斯人并不像之前交战的波斯士兵一样,一触即溃。这些波斯人作战技巧明显高超很多,装备也要更加精良。他们中间有一个身穿黄金盔甲的勇士格外醒目,亚历山大一下子就反应过来:眼前这个人就是他们的国王大流士。

亚历山大顿时兴奋起来,他令士兵解决面前的阻碍,好让自己与这位"众王之王"展开面对面的决斗。

大流士也基于同样的心理,很快人群便为两位主帅腾出一块决战之地。两位王者几乎同时发动了进攻。亚历山大使出了全身气力,挥剑刺向大流士要害,大流士灵活一闪,避过长剑。接着向亚历山大反刺一剑,亚历山大挥剑挡开。然后,两剑相接,两位主帅咬紧牙关,进行面对面的角力。

大流士大喊:"小子,今天就是你的死期。"

亚历山大也毫不示弱:"鹿死谁手,还不一定,你再吃我一剑。"

亚历山大猛一抽身,手腕顺势一转,又一剑刺向大流士咽喉。大流士战场经验丰富,识破了对手的伎俩,很聪明地再次躲开。

双方来回大战了十多个回合,不相上下,互不相让。他们都希望找到对方的破绽,然后给对方致命一击。

亚历山大急速地思考着制胜之策:单纯这样拼下去,自己跟大流士绝难分出胜负,必须出奇制敌,才有获胜的可能。于是,亚历山大率先打破均势,他故意露出身体中路破绽,大流士眼疾手快,马上攻击亚历山大的薄弱地带。千钧一发之际,亚历山大挡住他的利刃,自己的长剑则挥向大流士的面门。大流士自以为找到了亚历山大的致命弱点,没想到这只是诱敌深入之计。波斯人的长剑见偷袭中路不成,猛地往下一刺,亚历山大的腿部立刻血流不止。大流士以为自己占到了便宜,没想到亚历山大的宝剑瞬间划过他的脸颊,鲜血顿时溢出。

波斯人见国王挂彩,急忙撤退。大流士无心应战,骑上快马,急速退出了战场。

这一战,亚历山大歼敌总数达11万,另外缴获战利品不计其数。士兵们在清点战利品时,还发现了大流士的黄金战车,这是波斯国王最喜爱的物品。他撤离战场太过匆忙,所有一切都顾不上了。

如果大流士听从了阿明塔斯的建议,相信亚历山大再过英明神武也不可能轻易取胜。然而，凡事没有如果，因为刚愎自用，大流士失去了获胜的优势和良机，最终成了亚历山大的手下败将。

① 波斯与马其顿联军对战，兵力相较如何？
② 大流士与亚历山大首次正面交锋，就以失败而告终，他失败的原因是什么？

第十二章 女眷们，你们安全了

大战之后，亚历山大回到营帐。医生对他的伤口做了处理，伤势并不重，只需修养数日，伤口就能愈合了。

晚饭时，手下突然来报："战无不胜的亚历山大，我们在俘虏的人员中发现了大流士的母亲、妻子和他的两个女儿。"

亚历山大知道这个消息后，在自己的大帐中接见了这些女眷。

亚历山大心里感慨："据说，大流士是世间最英俊的男子，他的妻子是世间最美丽的王后，他们的女儿也倾国倾城。看来传言一点儿不假。另外，他的母亲一举一动也有着天然的皇家威严。这个家族实在是神奇！"

大流士的妻子虽早已为人母，但仍旧风姿绰约，光彩照人；两个女儿也亭亭玉立，有闭月羞花之貌。

亚历山大命令侍从赐座，大流士的四位女眷保持着王室该有的礼节,很得体地向亚历山大表示感谢。然而,她们每个人心中都充满了焦虑,因为按照惯例:俘虏过来的女子是要分配给有功将领的。因此,她们在私下已商议好:如果真出现这种状况,就以死捍卫名节。

女眷们坐下后,几乎同时瞥见在营帐角落放置着的大流士的黄金战车,她们认定大流士已经战死,纷纷哭了起来。

亚历山大安慰道:"你们不需要担心,大流士还活着。"

四个女眷听闻停止了哭泣。大流士的母亲问道:"年轻的国王,请问我儿果真还活着吗?"

亚历山大同情这位母亲对儿子的关心,认真地回答道:"你们可以放心,我刚才所讲的千真万确,大流士还活着。"

"我曾与大流士交战,他确是人间难得一见的美男子,而且也是一个勇猛的战士。"

大流士的一个女儿说道:"我们的父亲就像天神一样,尽管他战败了,他肯定会东山再起,恢复自己的荣誉的。"

亚历山大没有因为小姑娘的话而生气,他始终保持着一个帝王该有的威严:"我期盼再与大流士做一次对决,与他交战是我的荣幸,他确实是一位绝佳的对手。"

大流士的母亲对亚历山大的态度表示感激:"年轻人,马其顿人的王,谢谢您给予我儿的尊重与荣誉。原谅我这个孙女的轻狂与傲慢,因为她实在是太尊敬和喜爱她的父亲了。"

"尊敬的夫人,我不会因为这些就怒火中烧的,因为我的老师亚里士多德教会了我克制与忍耐。"

大流士的母亲向亚历山大致敬:"伟大的国王,感激您的宽宏大量。亚里士多德是人间少有的天才,您是他的学生,必定文武双全。"

亚历山大听到对老师的赞美,分外高兴:"感谢你的夸奖,我会向他转述你的赞美。像你这样高贵的女性,能够给予他认可,他一定会非常开心的。"

"你们放心,我这次对波斯人的战争只是为了恢复希腊人的荣誉,而并不是为了欺凌波斯的无辜百姓,所以你们不需要害怕。虽然你们已不在大流士身边,但我绝不许任何人伤害你们,玷污你们的清白。我会安排你们住在贞洁女神的神庙中,过自由自在的生活。"

大流士的女眷们不敢相信自己刚才所听到的,大流士的妻子问道:"风度翩翩的少年啊,您刚才说的可是真的?"

亚历山大再次做了确认:"我以誓言之神宙斯起誓,我,亚历山大,刚才所说千真万确。只要我尚在人世,就必定保证你们的安全。"

大流士的母亲对亚历山大不胜感激:"年轻的国王,您是如此的宽厚仁慈,要是我儿大流士知道这个消息,他也会非常感激您的。谢谢您保全我们四人的清白,我愿用自己的后半生为您祷告,祈祷上天保佑您平安祥和。"

"各位高贵的女士,我会保证你们衣食无忧,一切费用由我支出。你们以后的生活不会逊于过去。"

亚历山大仁慈的决定令四个被俘女眷感到庆幸,因为她们从未想过自己竟会受到这样的优待。她们纷纷起身,向亚历山大献上自己最诚挚的感谢。

然后,亚历山大命人将这些贵妇送出营帐,召唤其他将领,他有要事宣布。

"朋友们,这一仗我们取得了大胜,但遗憾的是,我们也失去了很多好兄弟和战友。为了宽慰这些去世的勇士,我们一定要给予他们该有的荣誉,厚葬他们。另外,从战利品中,分出他们的部分,送给他们的家人吧,毕竟这是他们应得的。至于那些波斯人,我听说他们的风俗是土葬[1],我们还是尊重他们的习俗将其安葬吧。再从战利品中拿出一部分,按照当地习俗给他们一些衣物和陪葬品。望这些阵亡之人能够安息。"

在场的将领听后,无不感念亚历山大的慷慨与仁慈。

实际上,当大流士的王后被俘时,她已经怀孕数月。在伊苏斯战役之后的一年,也就是公元前332年,她因为难产死于贞洁女神[2]神庙。亚历山大得知后,深表遗憾。他命人为这位王后举行了盛大的葬礼,规模完全按照波斯王室的标准进行。

王后葬礼结束后,她生前一位侍从太监,偷偷跑出了亚历山大的营地,赶到大流士身边,报告了王后去世的消息。

大流士登时嚎啕大哭:"我最爱的王后,你怎么那么快就先我而去了呢!万能的神啊,你怎能这样残酷地对待我啊!你让我的母亲、妻子、女儿都落入他人之手,连我的妻子去世

---

[1] 在丧葬习俗上,古代希腊与波斯存在很大诧异。希腊人实行火葬,他们认为把死者安放在柴堆上,焚毁尸体是一种自然而适宜的方式。而波斯人秉持的是入土为安的观念,这与中国古代类似。

[2] 贞洁女神为宙斯的姐姐赫斯提亚,她是古代希腊十二主神之一。赫斯提亚还掌管万民的家室,她的神庙的祭司均为处女,一旦失贞就会遭到严重惩罚。在贞洁女神庙中,女性不容侵犯。

我都不能守在她的身边。你对我真是太不公平了！"

这个太监马上安慰道："尊敬的国王陛下，提到王后的葬礼，请您不要抱怨。据我了解，马其顿人的国王，那位大名鼎鼎的亚历山大以最高的礼仪安葬了她。另外，在她生前，连同您的母亲、儿女，都一直过着安逸的生活，除了见不到您外，其他方面跟过去没有任何差别。"

大流士听后，感到安慰。他又派人做了确认，当他发现此人所讲都是实情后，感慨地说道："亚历山大的仁慈如同战场上的凶狠，两者同样让人畏惧。"

① 亚历山大是如何对待大流士的家眷和波斯战死的士兵的？
② 战场前后亚历山大的表现，给大流士留下了怎样的印象？

第十三章　这是属于我的城市

伊苏斯之战后,亚历山大征服了整个小亚细亚(现今土耳其一带)。接着,几乎没费多大力气就占领了波斯统治下的埃及。埃及人已经受到波斯人将近200年的奴役,他们由衷地欢迎亚历山大的到来。

亚历山大为了获得埃及人的支持,也采用了埃及"法老①"的称号,另外他还自称是埃及太阳神阿蒙(阿蒙是当时埃及人最崇拜的神明)的后代。他的这些做法深得人心,埃及人都甘愿接受他的领导。

埃及历史悠久,长期以来都以孟菲斯为统治中心(位于埃及的北部)。众多埃及人世代在这儿居住、繁衍,创造了灿

---

① "法老"一词最初译为"白色的大房子",古代埃及人居住条件简陋,只有国王享有华丽的住所,所以后来就用这个词指代埃及的国王。埃及的国王掌管全国的军政、司法、行政大权,号称太阳神之子,被臣民当做神明崇拜。

烂的文明。

一天,亚历山大和赫菲斯提昂在法老王宫里散步。赫菲斯提昂说道:"这里真漂亮,亚历山大,你看,每件装饰都是精美的艺术品。也只有你才配得上这样一个地方。"

亚历山大转向赫菲斯提昂,朝他露出神秘的笑容:"确实如此,这里的确是一个美轮美奂的地方。然而,这座宫殿、这座城市,尽管被我们占领了,却不属于我们,我们要建造一座属于自己的城市。"

赫菲斯提昂深知亚历山大的个性。他就是这样与众不同,他总是试图证明其不同凡响。

"亚历山大,我将继续跟随您的步伐。我以陪伴在您左右为荣!"

亚历山大与赫菲斯提昂紧紧抱在一起:"赫菲斯提昂,我永远的朋友,咱们一起去寻找一处地方,建立我们马其顿人的城市吧。"

此后数月,亚历山大和他的朋友开始对埃及进行考查,寻找完成这一梦想的地方。

一次,他们的船只在埃及近海航行。亚历山大为岸边的风景所吸引,就带领朋友下船。上岸后,亚历山大久久伫立在岸边,欣赏着海岸、落日以及滩涂上的海鸟。海风轻拂着他的发丝,吹起了他披在身上的长袍。伟大的帝王开始沉思,好一会儿都没有说话,接着又露出欣喜的表情,他唤来赫菲斯提昂。

"赫菲斯提昂,你觉得这里怎么样?"

"这是一处极好的地方,在这儿生活的人们必定非常幸福。"

亚历山大同意他的看法，并再次打量了四周："这儿的地理位置也极好，赫菲斯提昂，你看这是尼罗河的入海口。在它的对面就是我们的故乡希腊半岛，遥遥相对。在这里，我能感受到家乡的味道。"

赫菲斯提昂明白朋友的意思："亚历山大，在这里建造城市确实再好不过了！"

亚历山大愉快地说道："假如我们在这里建造一座港口城市，它可以成为我们马其顿人对埃及实行管理的驻地。它完全可以凭借临近海洋与尼罗河的便利，迅速发展成一座国际大都市！"

赫菲斯提昂为亚历山大的设想所鼓舞："亚历山大，这会是一座非常棒的城市。"

亚历山大哈哈一笑："而且这会是第一座以我的名字命名的城市，我要叫它亚历山大里亚。"

亚历山大一向是个敢想敢做的人，之后几天，亚历山大召集起随军远征的建筑师们，对当地的地理环境做了进一步考查，与他们一起确定城市的界标。连续数天，亚历山大与这些工程师们就待在房间里，为这座以亚历山大命名的城市做出了最完美、最合理的设计方案。亚历山大在这几天里，一直彻夜未眠。他聚精会神地在羊皮纸上描绘未来的城市蓝图：这儿得建一个市场，那儿得布局几条街道，城市得有市政大厅、议事大厅……亚历山大费尽心思，决心要建造一座最完美的城市。

之后，他又派人从埃及和希腊招募优秀工匠，从埃及各

连续数天,亚历山大与这些工程师们就待在房间里,为这座以亚历山大命名的城市做出了最完美、最合理的设计方案。

名家名言

狮子率领的羊群战斗力远胜由绵羊率领的狮子。

名家名言

战胜恐惧,就能战胜死亡。

地采购所需的材料。成群结队的能工巧匠来到这块荒芜的土地,开始建造亚历山大梦想中的城市。亚历山大看到城市建设的各项准备有条不紊地进行,感到莫大的欣慰。这座城市将是未来的帝国首都,它将集合世界建筑的精华,将把璀璨的希腊文化带到尼罗河①两岸,希腊人的艺术和生活方式,将改变这片国度,这将是亚历山大个人的城市。

怀揣着梦想,亚历山大又跟伙伴整理行装,准备新的远征。

① 你在地图上找到以亚历山大命名的城市了吗?
② 在亚历山大内心深处,他为什么渴望建造一座属于自己的城市?

---

① 尼罗河是埃及的母亲河,每年尼罗河泛滥的洪水为两岸地区提供了肥沃的土壤,所以埃及被誉为"尼罗河的赠礼"。尼罗河发源于埃塞俄比亚高原,由南至北,注入地中海。

第十四章　我要胜得光明正大

亚历山大从埃及归来,又相继征服了幼发拉底西岸地区,继续率领军队向波斯腹地挺进。

大流士为了准备与亚历山大的再次会战,组织了一支100万人的庞大队伍。他逐渐从伊苏斯失利的阴影中走出,决心通过一次大战彻底打败亚历山大,救出母亲和两个女儿。虽然亚历山大对他的女眷们给予厚待,但他对亚历山大依然仇恨不减。尤其是每次照镜子时,额头上一道长长的疤痕似乎时刻都在提醒着他。

离伊苏斯战役已经有两年了。

两年中,大流士用尽各种方法想除去这道耻辱的痕迹,但它看起来始终那么刺眼,那样醒目。

这是他一生中唯一一次落败,而这唯一一次对他的伤害就是如此深重,他失去了母亲、妻子、女儿,失去了最喜爱的黄金战车，失去了英俊的容颜。

现在，大流士已经不喜欢别人再称呼他为"世间最英俊的美男子"了。他很清楚，因为这道疤痕，他已经配不上"英俊"这个词。这些无不加深了他对亚历山大的仇恨。

一天，他在王宫中又接见了阿明塔斯，在伊苏斯战役中，阿明塔斯一看大事不妙，趁乱也骑着一匹骏马，逃离了战场。

阿明塔斯跪在地上向大流士问安，他用眼睛瞥见大流士脸上的疤痕，心里暗自发笑：要是你当时早听我的劝告，现在怎会遭受如此耻辱。不过他不敢把这种情绪表露出来，因为他知道大流士的肚量并不大。

"阿明塔斯，我已经集合了100万大军，亚历山大这次肯定插翅也难飞了。这回我一定要活捉这小子。"

"国王陛下，您是世间最有权势的国王，有百万大军那当然是极好的，但我们也不能小瞧亚历山大啊，他可不是一般人物。"

大流士有点不悦地说道："亚历山大，他不过是靠运气取胜罢了。在格拉尼库斯河，他借助黑夜帮助，对'黑白双煞'发动突然进攻；在伊苏斯，他又靠山地优势，欺负我们波斯人不会山地作战而侥幸获胜。如果没有这些条件，他根本不可能战胜我们波斯。这次你看着吧，我一定要给他应得的教训。"

阿明塔斯不愿再跟大流士起冲突，便不再给他提任何建议。远征时，他又随着大流士的军队出发了。

公元前331年,反波斯联军与波斯军队在高加米拉(现今伊拉克)对峙。

高加米拉在波斯语中意为"骆驼家园"。

相传,曾有一位波斯国王被敌人追杀,他骑着一匹骆驼成功逃跑。为了感激这只骆驼,就专门为其建造了一个牧场。高加米拉正得名于此。

两军驻扎的地点非常近,以至相互之间都能望到对方的营寨。

两军已经对峙了十余天,一天深夜,亚历山大带着马其顿将领在一处高地观察波斯营寨。

对面的营寨绵延数十里,灯火通明,对面的喧嚣声可一直传到几里之外。

亚历山大的部将们从没见过这样庞大的军队,感到非常惊愕。尽管将士们都身经百战,但看到此情此景,也忍不住打了个寒颤。

"亚历山大,我们的国王,看来这一次我们想要获胜更是难上加难!你看看波斯的营帐,都已经到达地平线边际了,你说那得驻扎着多少军队啊!我们这4万人相较于他们,实在太过渺小了。"

"你说的很对,4万相对于100万确实不值一提。"亚历山大冲他一笑。

另一部将皱着眉头说道:"兵力相差悬殊,我们这场仗该怎么打啊?!"

"这场仗我们一定要打,既然已经到这儿了,想走都走不了了。"亚历山大异常坚定地说道。

每个人都清楚目前的形式,现在绝没有退缩的可能,但究竟该在什么时候、怎样与大流士决战,大家心里还是没底。

一部分人倾向于黑夜突袭:"陛下,如果我们与大流士在白天决战的话,根本没有获胜的可能。高加米拉是平原地带,这对大流士来说可谓占尽优势,再加上白天作战,他完全可以将我们全部包围,轻而易举地将我们歼灭。"

托勒密赞同这种看法:"说的极是!要我看,白天决战对我们来说确实大为不利,还不如趁黑夜,对敌人展开偷袭,又可以杀他们一次片甲不留。"

其他将领也纷纷应和,表示同意这两人的观点。

唯一反对的是亚历山大,他不无骄傲地说道:"我们要在白天战胜大流士!"

众人惊奇,一位资格最老、威望最高的将领最先发表意见:"国王陛下,您过去总是那样的明智,为何这次会如此鲁莽和轻率呢!您这样做,是在拿我们全军将士的生命开玩笑啊。能告诉我们您这样做的理由吗?"

亚历山大没有因老将军的反对而有丝毫不悦,他坚定地说道:"我要胜得光明正大!"

此言一出,大家立时明白过来,因为大流士最近派遣了一位使者,对亚历山大诉说了他前两次的胜之不武,这次他们的国王大流士决心与亚历山大在平原上进行一次决战,看谁才是真正的"众王之王①"。

部将们了解亚历山大的个性,知道他是一个爱惜荣誉甚于生命的人。

在亚历山大的观念中,"光明正大"四个字,比"胜利"更重要。他们被亚历山大的决心所折服。这一次,亚历山大一定要让大流士心服口服,不能再让他以各种理由作为掩饰失败的借口。

这些马其顿勇士也知道,即使自己解释再多,亚历山大也绝不会听从,所以放弃了这个念头。他们深爱亚历山大,亚历山大对于他们来说,与其说是国王,倒不如说是伙伴、战友与朋友。既然国王一直坚持的话,他们只能遵从。

部将们回到自己营中,擦拭着宝剑和长矛,整理好盔甲,准备明天的决战。然而,他们躺在床上,辗转反侧,难以入眠。今晚对他们来说,肯定是一个不眠之夜,因为所有人都认为明天马其顿军队将遭受毁灭性的打击,明天也将是他们在这个世界的最后一日。再见了,美好的世界!

只有亚历山大在自己大帐中,安然进入了梦乡,他的整个夜晚都在酣睡中度过,睡眠质量比他这25年来任何一天都要好。

---

① 从波斯帝国建立之初,大流士的父辈们就开始采用"众王之王"、"波斯之王"、"诸省之王"的称号。这是为了加强国王的权威,波斯国王还宣扬君权神授,追求形式上的威仪。

他明白,明日将是他生命中最重要的一天,他将会赢得辉煌的胜利,这次胜利足以让他名留史册。现在他需要做的,就是养精蓄锐,为明天的决战积蓄能量。

① 从大流士与阿明塔斯的对话中,你发现他意识到自己失败的根本原因了吗?
② 常言道"性格决定命运",亚历山大要光明正大地与大流士决斗,体现了其怎样的性格?

第十五章　高加米拉灭波斯

决战的日子终于到了,部将们进入亚历山大的营帐,唤醒这位领袖。

部下们都很惊奇,亚历山大竟有这么好的精神状态。赫菲斯提昂问道:"亚历山大,我的朋友,为什么大战即将爆发,你还能睡得如此香甜?"

亚历山大微笑着回答:"因为现在再也不必像过去那样,为在这么庞大的帝国内寻找大流士而发愁苦恼了,他现在已经集合了所有的兵马,今天之后我们就能将这一帝国彻底解决。"他们走出营帐,骑上骏马,士兵们列队跟随在他们身后。

此刻,对面就是波斯的百万雄师,联军士兵的脸上写满了紧张与兴奋。他们是真正的勇士,历经考验,但波斯人数众多、装备精良、实力强大的精锐军队,却是他们以往未曾遇见过的。然而,只要这一仗胜利,他们就能洗刷民族的耻辱,写就辉煌的史诗。

　　亚历山大骑着骏马,向将士们发表着激动人心的演说。此时亚历山大胯下的马匹正是当年他制服的烈马,多年过去,它随着亚历山大南征北战,如今也已到暮年,但它仍旧是亚历山大最心爱的骏马,一到大战总是骑着它冲锋陷阵。

　　"勇士们,看吧,波斯人就在我们前方。几百年来,这些蛮人一直侵占我们的国土,霸占我们的财产,抢夺我们的妻女,现在你们复仇的时刻到了。我们已离家三年,三年来,我们无不期盼着这一天,以波斯人的鲜血祭奠我们父辈的亡灵!看吧,大流士就在眼前!冲锋吧,勇士们,让我们完成伊苏斯未完成的任务!伊苏斯的胜利已属于过去,胜利女神又再次向我们招手!冲吧,为了马其顿的荣光,为了希腊的荣光!我会与你们一起战斗到最后!"

　　亚历山大拔出手中的宝剑,走到联军方阵前排,与每个士兵击剑以示鼓舞。他们每个人都能感受到亚历山大的无限勇气,为亚历山大的激情所感染。他们现在已不再紧张,而是充满了斗志。

　　对面大流士站在战车上,身边围绕着精锐的王室卫队,他们眼中充满了傲慢。对于大流士来说,胜利如同板上钉钉,似囊中取物。阿明塔斯也在他的旁边,静静地注视着对面的马其顿士兵。他曾在那里服役了数十年,要不是违反军纪被迫叛逃波斯,或许这时他还在亚历山大的旗帜下战斗。想到此,他有些懊悔,悔恨当时不该一时疏忽,犯下错误。现在他已没有了祖国,没有了亲人,昔日的朋友兄弟业已反目成仇。

亚历山大戴上头盔,发出进攻的信号,决战开始了。

按照亚历山大的部署,他将在中路对大流士展开突击,中路集中了联军的精锐,是战役获胜的关键;久经沙场的老将巴米尼奥负责左路,面对的是大流士的精锐骑兵,相比之下左翼是联军最薄弱的环节;赫菲斯提昂负责右路进攻,主要职责是保护亚历山大中路重装步兵方阵免受波斯骑兵的冲击。

战斗一开始,亚历山大便首当其冲地冲到了最前面。

激烈的战斗已经进行了一个多小时,在中路,联军士兵受到亚历山大的鼓舞,正步步向前紧逼;而左翼则在非常吃力地进行着抵抗。老将军巴米尼奥已经50岁有余,这场战役前,他就畏惧于大流士兵力上的优势,难免怀着沮丧的情绪加入战场。因此,这场战役中,老将军并不如往昔勇猛。

此时,他感觉自己这一线,已经支撑不住了。所以,派自己的儿子菲洛塔斯去请求亚历山大派兵增援。菲洛塔斯突破了身边的波斯骑兵,在战场上发现了亚历山大。

亚历山大正与三个波斯人交战,只见他左突右击,转眼就解决了三个对手。

"亚历山大,亚历山大,"他远远就喊道,"我们左翼已经支撑不住了,请快来支援!"

亚历山大明白,如果此时派兵增援左路,那么中路进攻的实力将大大减弱。如果中路军队不能突破波斯人方阵的话,那么整个联军都会陷入危机,极有可能被波斯人包围。

亚历山大认为巴米尼奥父子应该明白这一点,所以对菲洛塔斯的求救有些不悦:"告诉你的父亲,你们一定要撑到最后。"

将军之子逐渐靠近了亚历山大,他见亚历山大不答应请求,哭丧着说道:"亚历山大,你为何这样狠心,如果你再不支援左翼,我和我的父亲就会被波斯人杀死了啊!"

"我相信你们的勇气,快回去战斗吧,你们只要守住左翼,就会胜利!"

他见亚历山大还不答应,干脆威胁道:"亚历山大,我还要告诉你,现在波斯人已经包围了我们的辎重,如果你再不救我们的话,你将会失去粮草的保证。"

亚历山大为他们的愚蠢而着急:"你怎么如此糊涂。现在还没明白,如果你战败的话,这些辎重自然都归了敌人;而如果你战胜的话,甚至敌军的所有粮食也将归你。现在你就不要再考虑。战斗吧,直到战死也别放弃自己的荣誉!"

听了亚历山大的批评,菲洛塔斯为自己和父亲的贪生怕死感到羞愧。他向亚历山大告别,又骑马赶往左翼。

尽管联军左路受到波斯人的猛烈进攻,只能勉强支撑,但中路的希腊人还是明显占了上风。

在亚历山大的感召下,中路的马其顿方阵正以整齐的队形冲击波斯人的防线。

波斯的步兵组织混乱,已经无心抵抗,士兵退缩不前,丧失了抵抗的勇气。

亚历山大仍旧冲在队伍前面,他很远就看见了大流士。波斯的王者正被波斯王家卫队所环绕,高高站立在一辆马车之上。亚历山大注视着大流士脸上的表情,尽管隔着很远,但还是瞥见了他眼神中的一丝怯弱。这位骄傲的国王已经没有战役初期的那种傲慢与狂妄,他开始害怕,预感失败又一次来临。

他想不通,为什么百万大军对付区区4万人竟会那样吃力,甚至要面临失败。这个问题,他一直理解不了。其实很简单,虽然波斯是一个庞大的帝国,但国王的统治并不得人心。大流士一直以残暴的手段来维持他的统治。可以说,他是以士兵对他的畏惧来领军打仗,希望依靠这种畏惧,令士兵对他效忠。然而,恐惧有时是不牢靠的,当波斯士兵发现战场上的亚历山大更可怕时,他们就会将大流士抛弃。

另外一边,亚历山大却以自己的果敢赢得了每个士兵的尊重,他带兵如朋友一样。亚历山大带给马其顿人的是希望和勇气,唯有这两样东西,才能使主帅和士兵一起并肩战斗。

亚历山大的到来使波斯士兵胆寒,他们急切地想要逃跑。很快,大流士的中路完全陷入混乱,只有少数士兵还在抵抗。不过他们的力量实在太小,根本不能阻挡马其顿人的进攻。

波斯军队一方,尸体已经堆积如山,保卫大流士的只剩下他最为信赖的卫队。此刻,他仿佛听到了亚历山大搏杀时的呐喊声,感觉到了这位英雄的每一次呼吸。是的,亚历山大越来越近了。

大流士恐惧到了极点,心中默念:"神明啊,就帮我解决掉这个英勇的少年吧,我愿以自己的一切作为交换,请答应我的请求!"然而,他的神明根本听不到他的呼喊,亚历山大仍旧在逼近。

当亚历山大冲到离大流士 50 多米远的时候,他发现眼前这位国王已经站立不稳,恐惧已经几近将其意志摧毁。他要给予这个敌人最后一击,阿喀琉斯的后代掷出了手中的长矛。长矛划过长空,带着风声,扑向大流士。大流士见情况不妙,急忙抓过身边的阿明塔斯挡在自己面前。随着一声惨叫,可怜的阿明塔斯就这样被刺死了。大流士以别人的牺

命,保全了自己的性命。他也无脸再在战场上作战,抛弃了自己的战车,逃离了战场。

亚历山大受到波斯卫队的阻挠无法追击大流士,因此虽然取得了战争的胜利,却又一次让大流士溜走了。

| 亚历山大大帝传 |

  这次战役消灭了强大的波斯帝国,亚历山大在士兵的欢呼声中,迈进了波斯的王宫。"众王之王"这一称号已不再属于大流士,现在亚历山大当之无愧!

① 亚历山大为什么不去支援巴米尼奥父子?

② 面对中路被突破的战场局势,大流士选择了逃避。如果他一战到底,结果可能如何?

第十六章　与雄狮搏斗，
　　　　看到底谁是王

灭了波斯之后，亚历山大获得了巨额的财富。正如幼年时接见的波斯使者所说，亚历山大调集了1万多匹骡子运送财宝，也只不过运走了首都的九牛一毛而已。波斯实在是太富裕了，光是在皇宫府库中堆积的各色衣料就价值3000塔伦特。

每个参加战斗的士兵都得到了亚历山大慷慨的赏赐，大家都发了大财。比如，他曾经赐予部将一座豪宅，另外还赠予他一个大衣柜，光柜里的衣服就价值1000塔伦特。

然而，亚历山大很快就发现他的这些朋友们的生活变得越来越奢侈。像托勒密，他穿的鞋子上缀满了银钉；每次摔跤时所用的粉末，他都要派几匹骆驼运送。大部分将领洗澡时，都不再采用马其顿的习俗，往身上涂抹普通的橄榄油，而是开始使用贵重的油膏。由于生活安逸，他们变得日益懒惰,以至于涂抹油膏时,都是由奴仆代劳,整理内务时也需要他人的帮助。

亚历山大于是用温和的语言加以告诫:"如果一个士兵用自己双手清洁身体都感到厌烦,那以后怎能指望他保持宝剑的光亮、盾牌的光辉呢?"

"胜利者最悲哀的就是在军事上征服了对方,却继承了失败者腐化的生活方式,在生活上被失败者击败。"

除此之外,亚历山大还决定以实际行动向所有马其顿士兵证明自己勇气尚存,他认为这要比劝导与训诫更有说服力。

在大流士的王宫中,豢养着一头雄狮,是其下属从草原上捕获讨好这位国王的。这头狮子的脾气暴躁,经常爆发出令人生畏的怒吼,大流士非常喜欢这头"万兽之王",专门给它建了一座庭院。每天都会用一个囚犯,去喂这头狮子。

于是亚历山大决定,征服雄狮!亚历山大的部将们,听说了他要去征服狮子的消息:"亚历山大肯定是疯了,这是一件多么危险的事情!"

"人怎么能够跟狮子搏斗,'大力神'赫拉克勒斯曾经打死过一头狮子[1],但那毕竟是在神话中啊!"

大家议论纷纷,认为亚历山大此去必定凶多吉少。他们开始为自己的国王担心,有好几个人表示愿意追随国王,哪

---

[1] 赫拉克勒斯也是希腊神话中半人半神的英雄,他的父亲是宙斯,母亲为凡人公主阿尔克墨涅。他曾经完成"十二苦役",即十二项不可能完成的任务。他曾打死过一头狮子,将狮子皮披在身上,以显示其勇敢。

在大流士的王宫中，豢养着一头雄狮，是其下属从草原上捕获讨好这位国王的。……大流士非常喜欢这头"万兽之王"，专门给它建了一座庭院。亚历山大决定，征服雄狮！

名家名言

我行,因为我坚信不已!

名家名言

与其忍辱偷生,不如光荣而死。

怕最后失败，被狮子吃掉，也在所不惜。

亚历山大在赫菲斯提昂的陪伴下，来到众人面前。他要独自一人面对雄狮，大家纷纷劝阻道："亚历山大，你别去那个院子，实在太危险了。你绝没有获胜的可能性！要么，我们陪你去吧，这样杀死这头野兽的概率还大点。"

亚历山大是一个倔强的人，只要是他下决心做的事情，任何人都不能改变："朋友们，我决心一个人制服这头狮子，任何人都不要再劝了。我要证明，勇气与毅力，在任何时候都是最重要的。你们等我的好消息吧。"

说完，亚历山大进了院子，手持宝剑，其他防卫的武器一概没有。

庭院不大，但大流士设计了很多假山，种植了众多树木，然而一个人想要躲避，又很难找到栖身之所。小道上到处是被狮子撕破的人的衣服，被啃得只剩下白骨的残骸以及血的印记。除此之外，阴寒的庭院里，偶尔还伴随野兽的阵阵咆哮，置身其中却浑然不知它躲在哪儿，准备什么时候发起攻击，这一切都令人毛骨悚然。

"万兽之王"肯定饿了，大流士死后，马其顿人都没有再喂过它，它只能靠啃食以前剩下的尸体腐肉存活。现在它对人肉已经极度渴望。它已经闻到人的味道，越来越近。它的眼睛发亮，要展开致命的一击了。

长期以来的捕猎习惯，让它了解要想享用猎物，必须学会耐心。它躲在一片灌木丛后，等待着陌生人的到来。

在这种阴森的环境里，亚历山大内心也曾一度让恐惧占了上风，但他不断为自己打气，很快自身的勇武帮助他成功驱赶了消极的情绪。

他的每一处毛孔都开始贲张，倾听着周围环境的一举一动。在他刚转过身的一刹，狮子抓紧时机，猛地扑了上来。狮子觉得自己肯定是得手了，但没想到少年好像背后长了眼睛一样，竟然神奇地跳开了。现在，它已经不能再在背后展开袭击，只能与少年面对面搏斗了。

野兽这次完全被激怒了，咆哮声越来越大，就像惊雷一样。

亚历山大不理会它的怒吼，此刻他内心平静，眼睛死死地盯着野兽。

"来吧，看到底谁是王。"亚历山大挑衅道。

野兽彻底疯狂了，高高跃起，挥动着利爪扑向亚历山大。突然，整个世界安静了，四周静悄悄一片。庭院外，亚历山大的战友们担心万分：亚历山大怎么样了，为什么里面一点声响也没有，他不会离开我们了吧。

有些人已经开始悲伤地哭泣："亚历山大啊，我们年轻的伙伴，早知道这样，我们无论如何都要劝阻您的，我们应该跟您一起去的。"

忽然，门开了，亚历山大迈着稳健的步子走了出来。他满脸鲜血，但那分明不是他的。原来，当野兽猛扑向他时，亚历山大手中的利剑同时刺出，划破了野兽的腹部，野兽痛苦倒地，在一阵呻吟后结束了生命。

伙伴们开始欢呼："万能的亚历山大，你是真正的勇士！"

在亚历山大这一举动的激励下，马其顿人又重燃了战斗的激情。

① 战胜波斯后，马其顿士兵中逐渐弥散起一种怎样的风气？

② 亚历山大为什么要与雄狮搏斗？

第十七章 你比我更像国王

亚历山大在高加米拉获得完胜,但遗憾的是又让大流士逃脱了。公元前330年,在巩固了战争成果后,亚历山大出发去搜寻大流士,这一年亚历山大26岁。

亚历山大原本希望跟大流士再进行一次大战,然而密探来报,大流士已经逃到了巴克特里亚,被当地的总督贝苏斯扣押起来。巴克特里亚是一个非常遥远的省份,在亚洲大陆的腹地,距离亚历山大的行军地有上千里。

亚历山大接到这一消息,毅然决定长途奔袭,追上大流士。这一路追击十分的漫长,而且特别艰难。亚历山大率领骑兵,马不停蹄,追击了11天,筋疲力尽。

由于深入到沙漠的中心,整个军队都陷入了缺水的困境中,大部分勇士们已无力再支撑下去。

"该死,不知道什么时候能走出这个沙漠,要是能来点水就好了。"亚历山大心中祈求发生奇迹,上天能赐予他们一场甘露,可惜,上天根本没有回应。

士兵们嘴唇已经干裂,他们陷入绝望之中。

亚历山大看到这些,试图对战士们进行鼓励,但他很快发现一切的鼓励现在都不起作用了。因为大家太渴望水了,这种对水的渴望已经超过了任何言语的慰藉。

在亚历山大也被干渴折磨得头晕眼花时,他的对面走过来三个中年马其顿士兵。一个士兵手里面还拿着一个皮囊。

"国王陛下,请您喝下这最后的水吧。"这个士兵说道。

尽管亚历山大也口渴难耐,但他克制住了自己的欲望,没有喝这最后的一点水。

"谢谢你,我的长辈,请问这点水原来你们是准备给谁喝的?"

不一会儿,大家都听说了队伍里还有水的消息,一下子精神都振奋了起来。纷纷围上来，以渴望的神态注视着那个皮囊。

那个士兵答道："水本来是要给自己小孩喝的，他也在这次行军的队伍中。"

亚历山大微微一笑，虽然嘴唇也已开裂，可仍然保持着帝王的气势与风度："当然，一个父亲对儿子的爱，是无可厚非的。"

士兵接着说道："亚历山大，您是我们最热爱的国王、军队的领袖，我看到您也口渴难耐，这点水应该给您。"

亚历山大对他的好意表示感谢："我要再次感谢你，勇敢的长辈，谢谢你对我这个年轻人的关爱。但是，我不能接受。"

周围所有人都表示不理解，因为大家都能体会这份缺水的痛苦，亚历山大为何又要拒绝。

士兵有点失望，继续劝说道："亚历山大啊，即使我的孩子渴死了，但只要队伍里还有您在，那我们就有希望；只要队伍还能一直行进下去，所有的一切都是能够弥补的。"

大家都同意这位士兵的说法，他们发自内心地尊敬这位年轻的统帅，甚至超过自己的生命。

亚历山大摇摇头，望着四周，发现所有的士兵都张大嘴巴，注视着这个皮囊，他坚定地说道："如果只是我一个人喝下这皮囊中的水，对于我们军队的士气只会造成莫大的伤害。我亚历山大以往的辉煌，并不是我一个人创造的，所有辉煌都离不开你们的帮助。所以我不能喝这些水。"

亚历山大的话如甘露滋润了每个人的心田。人群中,爆发出阵阵欢呼声。

大家都感受到无限的动力。最终,在亚历山大的率领下,他们走出了沙漠,解除了危机。

队伍又急行了两天,亚历山大终于看到了波斯人的营帐。波斯人也已远远看到了马其顿士兵,所以他们开始四下逃窜。

亚历山大鼓励手下的勇士:"大流士就在前方,我们一定要将他活捉。"

说完,亚历山大挥手一鞭,向前冲去。在高加米拉战役后,追随亚历山大多年的战马由于过度疲劳已经离世,亚历山大依依不舍地将它埋葬,现在他骑的是另外一匹骏马。

当马其顿士兵来到营帐后,发现里面堆满了金银,妇女落荒而逃,男人相继被杀死。

亚历山大急切地想要找到大流士的身影,所以他一直追赶最前面的波斯人。

终于,亚历山大在一辆战车上发现了奄奄一息的大流士。大流士痛苦地躺在车上,浑身都是伤口,贝苏斯残酷地折磨他,以发泄过往被压抑的愤怒。大流士奄奄一息,亚历山大走到他身边,搀扶起这位老对手。

大流士费尽力气,艰难地问道:"亚历山大,是你吗?"

看着这位昔日对手,亚历山大有些动容,一位英雄豪杰竟落得如此下场,真是世事无常。亚历山大点点头,示意他不要说话,自己一定会让最优秀的军医治好他。

大流士清楚自己的伤势,继续说道:"亚历山大,你确实是世间难得一见的杰出人物。作为老对手,你带给我最大的痛苦就是受你恩惠,却无法报答。感谢你用仁慈的方式对待我的母亲、妻子及女儿。我也曾想过,如果我俘虏了你的家人,我会怎么做。思来想去,我发现我做不到你的仁慈,所以你比我更像一个国王。"

"大流士,你也是世间少有的人物。"

"现在的我已不可能对你有任何回报了,我只能带着这份遗憾离开人世。但我会祈求神明,报答你的宽容。因为你是如此正直、慷慨与善良。"

大流士说完,紧紧握住了亚历山大的手。在亚历山大的陪伴下,大流士走过了人生的最后时光。亚历山大满面忧伤,送别了这位曾经的敌人。

"大流士,你是我最好的对手!"说着,他脱下身上的白色斗篷,盖在了大流士身上。

"我会以最高礼仪将你埋葬。另外,你放心,我一定为你报仇。"亚历山大在大流士面前发誓道。

不久,亚历山大抓住了贝苏斯,命人将他斩首示众。接着,他按照波斯王家的礼仪将大流士埋葬。之后,他将波斯国王的骨灰交予了他的母亲。

这位年迈的母亲,接过儿子的骨灰后,向亚历山大感激道:"国王陛下,感谢您对我们的仁慈,我无以为报。请允许我留在您的身边,照顾您的饮食起居,以谢您的恩德。"

在长者的坚持下,亚历山大推辞不过,只能同意。之后,大流士的母亲一直照顾亚历山大,直到亚历山大去世。亚历山大死后,她也自杀了,随同这位恩人离开了人世。

亚历山大战胜了大流士,他所执掌的马其顿也取代波斯成为一个新的帝国。然而,如果没有大流士这样强劲的对手,如果没有战胜敌人期间的种种困难,亚历山大的胜利又岂会显得如此辉煌。

很多时候,只要你有决心和毅力,与强人比,你只会变得更强!因此,不要害怕竞争,不要畏惧对手,真正的强者会惺惺相惜!

① 饥渴难耐的情况下,亚历山大为什么不喝下那仅有的一点水?

② 亚历山大与大流士,在胜负已成定局的那一刻,他们彼此心中是如何看待对方的?

第十八章　再见,菲洛塔斯

大流士被杀后,原先那些跟随亚历山大出生入死的将领逐渐沉迷于安逸的生活,开始变得骄傲与蛮横。这些人中,以巴米尼奥的儿子菲洛塔斯最为典型。

菲洛塔斯生性勇敢,作战中取得了无数的荣誉,是联军军队中仅次于亚历山大的人物。同时,他又极为慷慨,这为他赢得了很高的声望。据说,有一次,一位朋友向他借钱。菲洛塔斯吩咐管家到库房去取钱,管家回来后,跟主人回复说家中已经没钱了。菲洛塔斯显得有些不悦,说道:"库房中没有钱了,难道你不会将我家中的家具和装饰拿出去卖了吗?"菲洛塔斯的情深意重,使那位朋友感激万分。

然而,菲洛塔斯也是一位非常骄傲的人。他喜欢显示自己的财富,经常举办各种宴会,宴会的规模远远高于亚历山大所举办的。他对人的态度也很傲慢,总是摆出一副不可一世的表情，甚至他对亚历山大也并不是特别恭敬。与他相比，亚历山大生活简朴，喜欢与战友们同吃同住。

菲洛塔斯的傲慢举止，使得很多人都在亚历山大面前抱怨。亚历山大总是静静地聆听，并在最后劝慰说作为战友，大家要保持友善。

一次，菲洛塔斯喝了很多酒，搂着他美丽的情人开始胡言乱语："亚历山大这家伙算得了什么，他的天下还不是我和父亲巴米尼奥打下来的。要不是我们父子可怜他，他哪能坐上现在这个位置？"这个情人听了他大逆不道的话倍感吃惊。过了一天，她很不安地将这些话告诉了自己的一位朋友。这位朋友正巧在赫菲斯提昂的府中当差，于是又告诉了自己的主人。

赫菲斯提昂也很吃惊，觉得这件事情还是应该让亚历山大知道。

亚历山大暗中召见了那个情妇："年轻的女士，你要坦诚相告，你所说的这一切都是真的吗？你一定不能撒谎，免得伤了我与菲洛塔斯的兄弟情谊。"

她绝不敢有所隐瞒，所以都一五一十地告诉了亚历山大。她还交代了菲洛塔斯其他狂妄的言行。

听后，亚历山大未多说什么，他只是让这个女人回去监视菲洛塔斯，如果还有什么情况的话，就及时来报告。菲洛塔斯不知道情人已经背叛了自己，仍旧在她面前胡言乱语，攻击亚历山大。这个情妇依旧报告给了亚历山大，但亚历山大仍没做出什么反应。

赫菲斯提昂好奇地问道："亚历山大，你怎么会一直原谅菲洛塔斯这些大逆不道之举？我都替你感到生气！"

亚历山大微微一笑："赫菲斯提昂，谢谢你对我的关心，说句心里话，我对菲洛塔斯的话并不介意，因为他是我们的朋友，是我们在战场出生入死的好兄弟。我相信他的忠诚。"

此时，有人预谋刺杀亚历山大。一个马其顿年轻人想要刺杀亚历山大。这个年轻人又将计划告诉了菲洛塔斯的部下巴利努斯。巴利努斯非常担心，马上报告给了菲洛塔斯："菲洛塔斯，最近我听闻一起阴谋，是要刺杀亚历山大的，请您代为告知我们的国王，让他一定要多加小心。"

菲洛塔斯承诺一定会将这个消息呈报上去，就打发了部下。

过了两天，巴利努斯问菲洛塔斯："尊敬的菲洛塔斯，您是否已经将消息告知了亚历山大？"菲洛塔斯一副无所谓的表情，表示上天自会保佑国王，他的安全无须我们这些手下操心。

巴利努斯见菲洛塔斯如此怠慢，很不放心，他怀疑菲洛塔斯也参与其中。于是，当天晚上他将这一情况越级报告给亚历山大。亚历山大为朋友对自己的冷漠表示遗憾，他深深地感激巴利努斯。

送走巴利努斯后，亚历山大派人抓捕那个反叛的年轻人，后者拼死反抗，结果被杀。亚历山大不知道他的同谋，只能命令赫菲斯提昂对菲洛塔斯进行审讯，自己躲在幕后听案件的审理过程。

在公堂上，菲洛塔斯知道自己与行刺阴谋有关，因此竭力为自己辩护："赫菲斯提昂，凭什么你要怀疑我，我是亚历山大最重要的助手，你有什么资格审问我？！"

赫菲斯提昂以不卑不亢的口吻说道："菲洛塔斯，你曾是我们信任的战友，但在我们成功打败敌人后，你变得太过狂妄，在背后说了许多僭越之辞。这些亚历山大都已经知道了，他并没有怪罪你。然而，我们都没有想到，你竟然也参与了这起阴谋。"

菲洛塔斯反问道："刚才的话，你有什么证据？"

赫菲斯提昂命人带出那个情妇和巴利努斯，这两个人将他们知道的一切都在法庭上和盘托出。菲洛塔斯开始变得手足无措，他知道自己干的那些事已经都被亚历山大知道了。

刚才还十分骄傲的菲洛塔斯现在已经双腿发软，他跪在赫菲斯提昂面前说："赫菲斯提昂啊，我的朋友，请你一定要替我向亚历山大求情啊！让他原谅我的大胆，请他看在我以往的功劳上，放过我吧！"

说完这些，菲洛塔斯开始哭泣。

亚历山大非常伤心，他想不到平时那样高贵的菲洛塔斯现在居然变得如此可怜，已经完全丧失了以往的高傲。这位马其顿国王再也听不下去了，他直接从帷幕中走出来，用手指着菲洛塔斯："菲洛塔斯，你曾经何等高贵，现在竟是如此卑贱。我深深地同情你，现在你已不配'勇士'这一称号了。"

菲洛塔斯以为自己已经性命无虞，很谄媚地说道："亚历山大，您说得有理，在您面前我就是一个十足的小人。"

| 亚历山大大帝传 |

亚历山大悲哀地摇摇头:"菲洛塔斯,我本来是想将你赦免的。因为你曾是马其顿人的英雄,但现在你已没有让我赦免你的理由了。你的父亲巴米尼奥是何等的英雄,你玷污了他的荣誉。我敬重巴米尼奥,他已经失去了两个儿子,你的两个兄弟都为了马其顿命丧战场。现在他将失去第三个儿子,或许他在知道了你的事情后,也不愿承认有你这样一个儿子!"

菲洛塔斯还想求情,但两边的勇士早就将他绑住,拉到外边,以军法处决了。

当士兵报告菲洛塔斯被处决的消息后,亚历山大泪流满面,他的泪是为曾经的战友而流,更是为菲洛塔斯的父亲巴米尼奥而流。当夜,亚历山大就来到了巴米尼奥的营地,告知了实情。为了安慰这位孤独的老人,亚历山大宣布自己将认巴米尼奥为父,以后会像亲生儿子一样为他尽孝。

① 面对菲洛塔斯言辞举止上的种种僭越之举,亚历山大选择容忍的原因是什么?

② 亚历山大是因为菲洛塔斯狂傲不逊、对其不敬而愤然杀他吗?

第十九章　糟糕,我没学过泗水

菲洛塔斯被处死的第二年,亚历山大开始准备新的远征了,这次征服的目标是印度。

"勇士们,你们已经打败波斯,证明了自己的勇气。现在,重新踏上征途,争取辉煌的时刻到了。与我一起再去战斗吧!"

勇士们爆发出阵阵欢呼声,都一致表示愿与亚历山大并肩战斗,共同消灭下一个敌人。

赫菲斯提昂大声问道:"亚历山大,亲爱的国王陛下,请您告诉我们,我们的下一个目的地是哪儿?"

亚历山大用手指向遥远的东方:"印度。"

大部分士兵对印度都没有什么概念,便好奇地问:"陛下,印度离这里有多远?"

"印度离这儿很远,是一个神奇的宗教国家,那里崇拜一位叫佛祖的神明。那里的人喜欢在印度河、恒河里洗澡,这两条河流是他们最神圣的大河。"

对于亚历山大的远征计划,有些士兵提出了自己的想法:"亚历山大,既然我们已经战胜了波斯,为什么还要去攻打那么遥远的国家呢?"

亚历山大说道:"勇士们,我们从公元前334年离家,至今没有回过故乡一次。我记得那时我22岁,英姿飒爽,脸上没有一丝皱纹,头上也没有一根白发。转眼5年过去了,如今我已近30岁,常年的征战确实也令我疲惫。然而,我却一直在思考,在自己晚年子孙绕膝时,我会对他们说什么呢?我是该告诉他们因为思念家乡,放弃了更辉煌的征程?还是我们义无反顾,打到了世界的尽头?"

亚历山大的话深深触动了每个战士的心。确实,这些勇士选择远征最重要的目的就是为了证明自己的勇气,让家人为他们骄傲。

"我们要跟随您,打到世界尽头!"

"亚历山大,出发吧,我们要跟随着您!"

"勇士们,我欣赏你们的回答,也感激你们始终相信我、陪伴我。我们定会在宙斯的指引下,取得新的辉煌和胜利。"

公元前329年,亚历山大带着他的军队,向印度进发了。这一次远征需要克服极大的困难。

亚历山大军队首先要面对的困难是恶劣的气候,马其顿人和希腊人已经习惯了地中海干爽凉快的气候,可是现在越

公元前329年,亚历山大带着他的军队,向印度进发了。

名家名言

要做事,但不要做事务的奴隶。

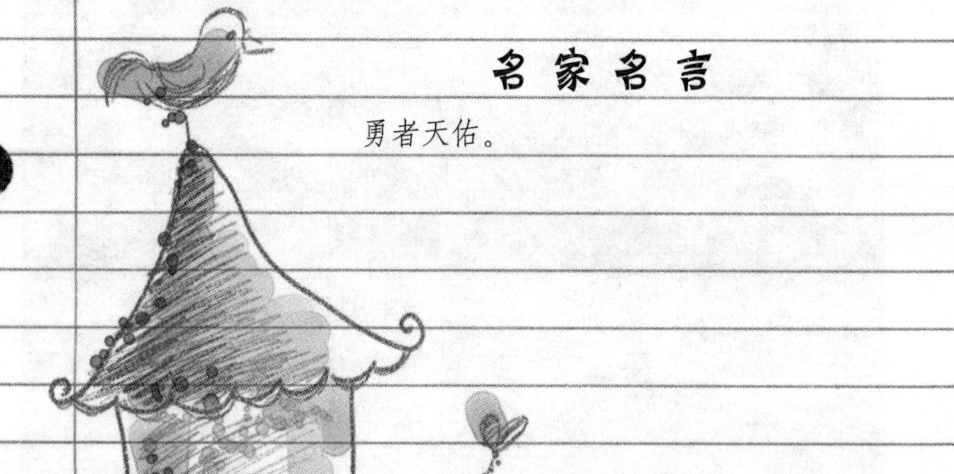

名家名言

勇者天佑。

接近印度,他们越难以忍受这里的天气①。不断有人因为淋雨和酷热而生病,军队中疾病开始蔓延,许多战士高烧不退,最后只能葬身异国他乡。

远征过程中的第二个烦恼是当地土著的抵抗。

"亚历山大,我们已经很久没有吃过肉了。这一路上,老百姓都是抱着与我们拼死的决心,根本不给我们任何食物。"一位与亚历山大同名的士兵向亚历山大抱怨道。

国王理解他的难处,鼓励他道:"你千万不能丧失勇气。如果这些人继续顽强抵抗的话,我们就让他们畏惧。这样他们就会自动交出粮食,向我们表示臣服了。"

这位士兵听了主帅的话,向他保证:"尊敬的国王,我为能有与您相同的名字而感到骄傲。我绝不会对不起这光荣的名字,我会战斗到底。"

后来,在进攻一处位于高山的城镇时,这位叫做亚历山大的士兵冲在队伍的最前面,英勇战斗,在消灭了十多个敌人后,死在对方的刀剑之下。亚历山大闻知这个消息,非常难过。

恶劣的天气和补给的缺乏,使很多士兵变得犹豫,他们的行动已不如以往那样迅捷,进攻也不像过去那样果敢。

于是,亚历山大决定以自己的实际行动为他们加油鼓气。一次,远征军要进攻一座被河流环绕的城市。

---

① 印度的气候主要是热带季风气候,深受印度洋季风的影响,终年高温,即使最冷月气温也一般在 16 摄氏度以上。夏季降雨量大,常会爆发洪涝等灾害。

河水很深,士兵们开始议论:"我们再等等吧,河水这么深,水温又这么低,直接过去,那太危险了。"

"不错,我们还是先等竹筏造好吧,我们可以乘着竹筏过河。"

士兵们说着说着,就放松了戒心,不断有人放下手中的武器,想寻找合适的地方休息。

突然,士兵们听到了蹚水的声音。他们望向河流的中心搜寻声音的来源。

"那是亚历山大,我们的国王怎么在河流中间了啊!"

"你们看,河水那么深,已经到亚历山大的脖子了。"

大家意识到情况的危急,开始为亚历山大的安危担忧,但眼前的河水又使他们退却。

忽然,从河流中心又传来一阵喊声:"真是糟糕,我没学过泅水。"

士兵们听到呼喊,神经紧绷,好像自己要失去亲人一样。大家来不及思考,甚至都没有脱下身上的盔甲,就直接冲下河岸,游向亚历山大。

其实，这是亚历山大的小计谋。游水是亚历山大从小就喜爱的运动，他的呼叫只是为了激起大家的关心，这种关心会让士兵们忘却恐惧。

士兵们就这样随着亚历山大过了河，并顺利攻占了这座城市。此后，当地的部落由于畏惧联军士兵的勇敢，不再负隅顽抗。军队的粮食供给问题得到了解决，去东方之路开始变得平坦。

阅读思考

① 马其顿军队到达印度后遇到了怎样的困境？
② 亚历山大谎称自己不会游泳的目的是什么？

第二十章　向大象冲锋吧

经过近一年的长途跋涉，亚历山大率领的联军终于到达印度河流域。

在这里，亚历山大受到了北印度一位国王强有力的挑战，这位国王就是波鲁斯。

士兵向波鲁斯报告："世间最伟岸的国王波鲁斯，我们得到消息：在遥远的西边有一个马其顿王国，现在这个国家的国王一路征服了许多国家，已经快到我们的国家了。他叫亚历山大，听说他是一个极其勇猛的将领，很少有人是他的对手。"

波鲁斯身高八尺有余，这在平均身高很低的古代，确实配得上"伟岸"一词。

他从王位上站起，挥拳拍向桌角："这次就让这个叫亚历山大的家伙知道我们印度人的厉害，这里将是他的葬身之地！"

波鲁斯整顿军队,集合国内所有人马,在海达斯佩斯河布防,等待亚历山大大军的到来。

亚历山大也听说这个国王是个极难对付的敌手。他将军队驻扎在海达斯佩斯河的对岸,与波鲁斯对峙。

"让我们像教训波斯人一样,打败波鲁斯吧。"亚历山大这样来鼓舞士气。

一天的午后,两军开始决战。

"勇士们,快划啊,不久就到河对岸了。"

"尊敬的统帅,我们一定会为您争取无上的光荣!"

领队高喊着口号,大家一起发力。联军船队准备穿过河流,到对岸与波鲁斯决战,波鲁斯在那儿已经开始布阵。

"这次我们的军队一共有 6 万人,据说波鲁斯那边只有 2 万人。我们明显处于优势,战胜对方可以说是轻而易举。"

突然,雷声大作,大雨倾盆而至。

"啊!"队伍中出现了几声惨叫。

"什么情况?什么情况?"大家焦急地四下张望。

"不好,有人被雷劈死了[①]!"

"怎么会这样,是不是宙斯在惩罚我们啊?!"

"宙斯,万能的神啊,请您不要用霹雳来惩罚我们这些凡人吧。"

"宙斯保佑,宙斯保佑。"一股不安的情绪开始在亚历山

---

① 下雨时被雷劈死,在古希腊人看来是一种恐怖的现象。按照他们的观念,雷是宙斯最为强悍的武器。雷电劈死人,肯定是宙斯对他们的行为表示不满。

大的军队中蔓延开来。士兵们一边划船,一边在心中默默祈祷,希望神明帮助他们渡过此河。

"勇士们,不要害怕。宙斯永远与我们一起,保佑我们。"亚历山大对士兵们说道。

几分钟后,联军的船队陆续都上了岸。但是由于暴雨,河滩变得异常泥泞,联军士兵勉强都登上了陆地。

"印度人围上来了!"

"他们想趁我们没站稳脚跟,就将我们歼灭!"前方士兵大喊。

上岸后的亚历山大急忙命令士兵:"快下船,迅速排成战斗队形,准备迎敌。"

当亚历山大的军队还在陆续上岸时,印度士兵趁机发动了攻击。亚历山大军队中不断有士兵被印度人的长矛刺死。亚历山大一时陷入了被动劣势。幸好有越来越多的亚历山大士兵上岸。战场的优势逐渐为马其顿士兵所掌握。

"看吧,印度人开始退却了。"

"你看,他们也跟那些波斯士兵差不多而已。"

士兵们陷入喜悦之中,以为又是一场速胜。

赫菲斯提昂跑到亚历山大旁边,说道:"亚历山大,你看,对面跑过来那些怪物是什么?"

"不知道啊,远远看来,就像小山一样。"

原来是印度军队的大象方阵。印度人的大象方阵越来越近,马其顿人惊恐万分:"这几十头怪物到底是什么?"

"它们那么高,足有两个人那样高大。"

"你们看,怪物身上背着小型的塔楼,每个上面都站着三四个士兵。"

亚历山大大喊:"大家别怕,这些就是印度的大象。咱们要将这些怪物统统杀死。"

亚历山大的士兵勉强鼓起勇气对大象方阵发起冲击。

当还有20多米的时候,他们终于看清楚了怪物。

"快向这些怪物投掷长矛、射箭。"亚历山大命令道。

"长矛击中了、箭也射中了,但是怪物根本没什么感觉啊!"

"那些怪物暴怒了,咱们的武器伤害不了它们,反而把它们激怒了。"

"怪物上还有人。"

有许多联军士兵被大象上的印度士兵射中,纷纷倒下。

"怪物快要来了,我们的武器不管用啊!赶快跑吧。"

有些士兵开始胆怯,准备放下武器逃跑,但他们根本比不上大象的速度。

赫菲斯提昂说道:"亚历山大,你看这些大象的鼻子一甩,就能掀翻好多人。"

亚历山大也很焦虑:"士兵们没见过大象,不知道作战方法,如果撤退的话,反而会败得更惨。"

"千万别被它踩中,踩中就没命了啊!"

印度士兵逐渐围了上来,他们跟在怪物后面,逐渐逼近亚历山大。

| 亚历山大大帝传 |

士兵们重新涌向岸边,但雨水很大,江水上涌,联军已经无路可退。

骑兵也被挤到了岸边:"怎么办?我们的马匹一看到这些怪物,根本不敢前进,全都受惊了。"

赫菲斯提昂说道:"亚历山大,我们的骑兵,敌不过印度的这种大象方阵。马匹在队伍中乱窜,已经踏死好多人了。难道我们真会在这儿输掉吗?"

"不行,赫菲斯提昂,我一定要扭转战局。"

亚历山大扛起自己的盾牌,招呼身边的士兵跟上:"为了马其顿的荣光,为了希腊的荣光。"

亚历山大大踏步往前走,士兵们紧随其后。

"先杀死大象上的那些人,快用长矛掷他们,用箭射他们。"

士兵们受到亚历山大的鼓舞:"遵命,亚历山大。"

"大家快杀死这些大象身上的印度人!"

印度士兵被解决后,联军士兵的伤亡开始变小,但大象仍是最大的威胁。

亚历山大向一头大象掷去了长矛,大家也纷纷掷出手中的长矛和利剑。

"大家快看,这头怪物好像站立不稳了。"

此刻士兵们有了勇气,全都向眼前的大象掷出武器。在士兵的合力攻击下,不断有大象倒下。

联军不再后退,重新鼓起士气。

"快看,那头怪物最高大。"

"它上面站着一个相貌奇异的男子,我从来没见过一个士兵会像他那样高大。"

亚历山大顺着士兵们所指的方向,一下子就发现了那人。

他大喊:"大家不要杀死那个人,他就是印度国王波鲁斯,我们要将他生擒。"

勇士们接到指令,解决完身边的大象,全都把火力瞄准了印度国王的坐骑。

印度士兵看到主帅被包围,也大喊:"快去救波鲁斯。"

"波鲁斯不愧为一个铁血战士,他仍在坚持战斗。"赫菲斯提昂感慨道。

亚历山大也很欣赏波鲁斯:"大家不要杀了这个人,一定要活捉波鲁斯。"

这场战役一直持续到天黑。

大雨中,亚历山大军队艰难获胜,俘虏了北印度国王波鲁斯。

波鲁斯被带入亚历山大的营帐。亚历山大不无赞叹地说道:"真是一位强壮的勇士,你跟你的士兵们作战都很勇敢!"

"要是我再多一万的兵马,多几十头大象,我肯定能将你们全都消灭在海滩上。"

"你没这个机会了,因为这次之后,我们与这些大象作战就有经验了。"

"马其顿人,告诉我,你为什么来印度?"

"为了让子孙因我们而荣耀!"

波鲁斯说了一句很深刻的话:"奇怪的马其顿人,其他民族往往都是为了争夺水源和粮食。"

"希腊人和马其顿人不缺这些东西。"

"如果不是因为这些,你又为何要来攻打我们?"

亚历山大被波鲁斯的问题难住了。他对波斯的战争是为了向波斯人复仇,现在已经报仇成功,整个希腊和马其顿都为他们而骄傲。那么对印度发起的战争又是为了什么。亚历山大发现自己的战争动机,可能纯粹是为了征服,尽管有老师亚里士多德的劝导,也丝毫不能减弱他对作战的渴望。

"波鲁斯,现在你已经被我打败成为俘虏。你希望受到何种待遇?"

"就像国王一样。"

亚历山大欣赏波鲁斯的机智、勇猛,说道:"波鲁斯,你是一个难得的对手,在我的帝国担任总督吧,继续统治你原来的王国。"

最后,亚历山大让波鲁斯保留了国王的称号,继续统治印度北部的市镇,但本质上波鲁斯是马其顿帝国的一个总督。此刻亚历山大的心中又开始酝酿一个新的计划:征服印度河流域之后,下一个目标就是恒河流域。

① 亚历山大战胜波鲁斯之后,又对其加以重用,中国历史中有没有类似的事例呢?

② 波鲁斯被擒后,亚历山大令其担任总督治理印度北部市镇,这样做有何好处?

第二十一章 前进,或者后退

经过与波鲁斯的战斗,一股消极的情绪开始在联军军营里蔓延。

"这次战斗太惨烈了。咱们一共损失了3万人,想当年咱们打波斯多容易啊,打大流士100万人的时候,咱们的军队也没有死多少人。"

"没想到波鲁斯这2万多人,竟会那么厉害。"

"印度人是厉害,但他们的大象更厉害。"

"你说,现在刚到印度不久已经损失那么大了,再往前走会怎么样?"

"我怕以后我们都得死在这个地方了。"

"可能吧,我听说了,前方有40万印度步兵、6000多头大象在等着咱们呢!"

"那咱们绝没有生还的可能了。"

"亲爱的朋友,你别难受,要死我也会陪你一起的。"

"谢谢,我好想念自己的家乡,我已经快十年没回去了,不知道家乡的母亲如何了?"

"我走的时候,妈妈的视力就已经不太好了。过去了那么多年,不知道现在是不是已经完全看不见了?"

士兵们讲到伤心处,一起抱头痛哭。

"别哭了,说不定,亚历山大会知难而退,带我们回到家乡的。"

"你们觉得可能吗?亚历山大可是一个执著的战士,他会就这样带我们回去吗?"有个士兵小声议论道。

"不管这些了,我们一起去见亚历山大,让他结束战争,跟我们一起回去吧。"

一个士兵的话引起了大家的共鸣,在他的带领下,大家来到了亚历山大的帐外。

亚历山大走出营帐,问道:"亲爱的战士们,你们有什么事情吗?我能为你们做点什么呢?"

"亚历山大,我们敬爱的统帅,恳求您能带我们回去,回到故乡吧。"

"为什么要回去,咱们只是到了印度河流域,我们还要继续向东,一直打到恒河流域。"

"亚历山大啊,前些天那一仗,咱们尽管兵力占优势,却仍然损失惨重,那么多好兄弟丢了性命。打赢这2万多的印度人就已经这么难了,更何况他们还有大象的帮助。"

亚历山大说道:"大家不用担心,只要坚定自己的信心,任何庞然大物都不会是我们的对手。"

亚历山大大帝传

"亚历山大,你要知道前方有数十倍的敌人在等着我们呢!他们的大象比我们的战马还要多,我们怎么可能获胜呢!"

"我们要坚信:马其顿人是最强大的,没有人能够阻止我们前进的步伐。"

"国王啊,带我们回去吧,我们真的不想死在这个地方。"士兵们开始哭泣。

"战士们,如果我们现在退却的话,咱们前面的努力就全都前功尽弃了!"

"亚历山大,我们之前的功劳会被子孙们记住的,他们仍旧会称颂我们的传奇经历。"

"不,如果你们现在撤退,那我将不再感激你们过去的功劳。"

士兵们仍恳求道:"亚历山大,我们的国王,我们已经跟随您离家8年了,这8年时间,我们一直跟随您作战,从没回过家乡。现在我们想回去了,不想再在外面漂泊了!"

亚历山大非常生气:"不行,我是绝不会跟你们回去的。"

"我们的国王,亚历山大,虽然我们都很爱您,但这一次我们已经决心不再跟您向前走了。"

亚历山大对部下的态度非常恼火,他头也不回地走回大帐。

夜晚,赫菲斯提昂走进了亚历山大营帐,发现他仍没有入睡。

"赫菲斯提昂,你知道我是多么生气,那些士兵怎么会这样缺乏勇气,怎么会就这样放弃了呢?"

"这样放弃,是不太应该,但他们说的似乎也有道理。这种情绪现在在军营里很普遍。"

亚历山大有些失望:"赫菲斯提昂,你告诉我,你是否愿意继续陪我远征?"

"亚历山大,我原来是愿意陪您远征到世界的任何角落的。"

"那现在呢?诚实地告诉我吧。"亚历山大双眼通红,抬起头看着赫菲斯提昂。

"现在,我还是愿意陪伴您。可是我也非常思念家乡,想着我们一起长大的马其顿,想看看家乡的亲人!"

"这么说,赫菲斯提昂,你也想我撤兵回去?"

"是的。这次我过来,不是受人之托,完全是出于自己的意愿!"

"赫菲斯提昂,现在连你都不愿支持我了,看来已经没有人会赞成我的意见了。"

"不,亚历山大,我们都是发自内心地热爱您。我们这一次只是要求您能改变一下主意,带领我们回去。我们希望能在您的旗帜下,来的时候是那样,回去的时候也是那样。"

亚历山大陷入了沉思。大约过了一刻钟时间,他缓缓说道:"好吧,赫菲斯提昂,我就听从大家的意见。说实话,我也有些想念马其顿的王宫了。然而,我们不能直接这样返回马其顿,我们还得将波斯的事情安顿好。"

"真的吗,亚历山大?您同意撤兵了?"

| 亚历山大大帝传 |

"君子一言,驷马难追!放心,我不会反悔的。你去跟士兵们宣布,大家也得抓紧时间收拾行装,我们回去了!"

赫菲斯提昂怀着激动的心情走出了大帐,他向士兵们转达了这个让人万分高兴的决定。

整个军营开始欢呼:"亚历山大万岁,我们终于可以回家了!"

① 士兵们渴望结束战争的原因有哪些?
② 如果亚历山大为了一己之私选择继续前进,那这支军队后来的命运可能会怎样?

整个军营开始欢呼:"亚历山大万岁,我们终于可以回家了!"

名家名言

行动胜于言语!

名家名言

勇往直前,决不放弃!

第二十二章　八个问题，决定生死

亚历山大在撤退的过程中，又遭遇了众多阻碍。因为印度的哲学家①不愿意让亚历山大安然离开，他们要求沿途的王宫贵族袭击联军军队。

有一次，亚历山大的士兵抓住了10位印度哲学家。

这些哲学家修行时不穿衣服，以机智闻名于世，因此被印度人称为"赤裸圣贤"。

虽然这些哲学家们发动当地民众给亚历山大制造了各种障碍，让马其顿人损失巨大，但亚历山大尊重知识和学问，他决定，如果这些人果真像传言描述的那样有智慧，就会将他们释放。

---

① 这些人既是哲学家，又是印度的神职人员，被称为"婆罗门"。他们在印度的等级秩序中，处于最高等级。婆罗门掌管神权，负责占卜，垄断文化，甚至国王都要让他们三分。

亚历山大将他们召集到面前。他说道:"今天我要向你们提一个问题,回答最差的那个人将会被我杀死。"

在亚历山大面前,这10位智者并没有表现出一点畏惧的神色,他们静静地等待亚历山大的发问。

亚历山大问第一个哲学家:"这位老者,请问这个世界上是活着的人多,还是死去的人多?"

哲学家不假思索地回答:"当然是活着的人多,因为去世的人已不在人世间了。"

亚历山大转向第二个人,问道:"黑夜与白天的年龄,哪一个要更大一些呢?"

第二位智者思考了一下,回答:"白天要比黑夜大一天。"亚历山大对他的回答,颇为惊异。这位智者向亚历山大补充说:"国王啊,奇怪的问题总会收到奇怪的答案。"

亚历山大又问第三个人:"在所有动物中,哪一种最狡猾?"

智者回答:"迄今为止,我见过的最狡猾的就要算阉人,没有哪种动物能够像他们一样要这样费力地讨好主人。"

亚历山大问第四个人:"一个人最好活多久呢?"

这位哲学家回答:"如果他感觉没有存在的必要,他就可以离开人世了。"亚历山大点头笑笑,表示对他的回答相当满意。

亚历山大又问第五位智者:"什么样的国王最受臣民的爱戴?"智者回答:"一个好国王必须要有绝对的权力,却又不会因为权力将自己凌驾于他人之上。"

他问第六个人:"一个人要怎么样才能变成一位神?"

智者说道:"要想被人称作神,他必须得做到很多常人做不到的事情。"

第七个问题是:"为什么你们会光着身子修行?"

第七位智者回答:"因为这是人类最本源的状态,你不正是光秃秃地来到人间吗?"

亚历山大又问第八个人:"你们为什么要让印度人进行反抗呢?"

智者回答:"他们与其被你们抓住,像奴隶一样被杀死。还不如鼓起勇气,像一个男子汉一样战死。"亚历山大欣赏他的回答,如果是他,也会选择后一种方式。

第九个问题是这样的:"生和死哪一个更痛苦?"

第九位哲学家回答:"如果硬要做出一个评判,我觉得是生更痛苦,因为要受的困苦更多,也更持久。"

询问完这九个人,亚历山大并没有做出任何评判。他微笑着转向最后一个人,问道:"我的最后一个问题是,你觉得这九个人中,哪一个人的回答是最差的?"

第十位智者,是所有人中修为最高的。他回答道:"他们每个人的回答都不如另外一个人。"

亚历山大开始大笑:"假如刚才那个就是你的答案的话,那我就要宣布我会处死你。"

这位"赤裸圣贤"的领袖说道:"年轻的国王啊,你是不是该信守你的承诺处死回答最差的那个人? 而他们之中并没有回答得最差的,所以都该释放。"

　　亚历山大欣赏他的智慧,不再为难这些智者。他将 10 位哲学家释放,临走前还送给这些人很多财物。

① 亚历山大真的想杀死这些哲学家吗?
② 你最欣赏哪位哲学家的回答?

第二十三章　痛失挚友

亚历山大率领联军士兵,一路跋山涉水,花了将近一年的时间才回到波斯故地。

赫菲斯提昂说道:"亚历山大,你看,咱们离开波斯时有6万多人,但现在回到出征的起点,只剩下2万人了。"

"赫菲斯提昂,那么多战友都死在印度,我也非常伤心!现在我已经31岁了,这么多年的战争也让我伤痕累累。"

"亚历山大,你确实要好好休息一下了。从来没有一个国王会因为连续作战而受那么多伤。"

"身上的30多处伤,就当是对我过去生活的一个见证吧。"

赫菲斯提昂安慰亚历山大:"陛下,至少我们还是活下来了。相比于那些战死的将士来说,已经算很幸运了。"

"赫菲斯提昂,我们的军队也老了,早先跟我们从马其顿出来的那批勇士,都已不再年轻。很多人因为连年战争身受重伤,他们已无法继续作战了。"

"没办法,岁月无情,就连我们自己也体力大不如前,不像过去那样强壮了。"

亚历山大转向赫菲斯提昂,拍着他的肩膀,说道:"兄弟,战场上刀剑无情,所以我想对军队进行改革。"

"您想怎么做?"

"我要遣散那些老迈的士兵,让他们回到家乡。还要招收3万波斯少年,将其加入马其顿方阵,他们会成为我们军队中最新鲜的力量①。"

亚历山大的这一决定,遭到了老兵的阻挠,他们认为亚历山大抛弃了他们。但经过亚历山大的解释消除了老兵的误会,亚历山大完成了对军队的改造。

告别了最爱的征战生涯,亚历山大开始与赫菲斯提昂一起训练新兵。

然而,有一天,赫菲斯提昂突然病了。

亚历山大关心地问道:"赫菲斯提昂,我的朋友,你没事吧?你的脸色有些苍白,看起来不是很有精神。"

"亚历山大,我没事,你看我现在,一拳能打死一头老虎。"

亚历山大看出了赫菲斯提昂脸上的疲惫,他伸出手放在朋友的额头上,说道:"糟糕,赫菲斯提昂,你的额头滚烫,肯

---

① 过去马其顿方阵的主体只能是马其顿人,方阵的训练方法复杂,需要长时间操练,应该是马其顿最高军事机密,所以普通马其顿士兵反对外来人加入。

定发烧了!"

"不要为我担心,我毕竟年轻,这么一点小感冒,肯定算不了什么。"

"你还是先好好休息吧,我让军医给你看看情况。"

不一会儿,军医被找来,为赫菲斯提昂做检查。

"陛下,赫菲斯提昂将军得了热病①,幸好发现得早。我给他开一服药,晚上他喝下之后,第二天应该就没事了。"

"好的,医生,你赶快去配药吧,一定要尽快将赫菲斯提昂治好。"亚历山大命令道。

医生走后,亚历山大还不忘叮嘱自己的朋友:"赫菲斯提昂啊,你一定要多多注意,这两天就先别喝酒了。一定要先将感冒养好。"

赫菲斯提昂回到自己营帐,医生已经端着药在等他了。

医生离开的时候交代他:"将军,要好好休息,饮食上一定多注意,切记不能饮酒了。"

"知道了,医生,有需要我马上找你。"

喝下药后,由于药效的作用,赫菲斯提昂沉沉地睡去了。半夜,朦胧中听到营帐外传来阵阵喧闹的声音。

他自言自语:"肯定是亚历山大请来的人②在表演戏剧,一定非常热闹!可惜我不能去。"

---

① 热病类似于古代世界的严重流感,在古代西方世界,得上这种病症之后,死亡率较高。可通过适当的休养和饮食,使得身体恢复。可是如果喝了过多凉水的话,会加重病情,非常危险。

② 古希腊戏剧是世界最为古老的戏剧之一,产生于公元前6世纪的雅典,往往以希腊神话中的故事作为叙述题材。古希腊戏剧对现代西方戏剧及文化的发展产生了持续而深远的影响。

赫菲斯提昂身体虚弱,这次热病让他感到非常疲惫。他想重新入睡,但躺在床上,辗转反侧,怎么也睡不着。

"糟糕,看来这一时半会儿都睡不好了。一个人在营帐里待着也没什么意思,要不我喝点酒吧,兴许可以睡着,正好前一阵子,亚历山大刚送了我一瓶好酒。"

拿出好酒,他又开始寻找下酒菜,在桌上发现了中午吃剩的一只鸡。

"烧酒配烧鸡,这么美好的一个夜晚,独自一人享受,也是一件美事!对了,那个医生好像交代这几天不能喝酒。不过,医生是最麻烦的人,我身体这么好,没必要听他的。"

说完,赫菲斯提昂开始享受美酒佳肴。

"真是好酒,要是亚历山大在,两个人一起喝就好了。"

赫菲斯提昂越喝越多,根本忘记自己得了热病的事儿。等喝到头昏眼花,他便躺在床上准备睡觉。

半夜的时候,赫菲斯提昂突然非常口渴,想坐起来拿水喝,却怎么也起不来。

于是,他开始呼喊:"侍卫,侍卫,帮我拿一些水来。"

侍卫被他唤醒,取来了水,说道:"将军,您的水来了。"

可赫菲斯提昂已经没什么反应了,侍卫又叫了几声,依旧如此。

士兵意识到事态的严重:"糟糕,我得赶快把医生找来。"

医生过来为赫菲斯提昂做了检查,大喊道:"赫菲斯提昂已经不行了,赶快去叫亚历山大过来。"

亚历山大此时已经睡着了,侍卫不管这些,在他的营帐外大声喊道:"亚历山大,不好了,赫菲斯提昂不行了。"

亚历山大急忙跑向了赫菲斯提昂的营帐。

"赫菲斯提昂,赫菲斯提昂,我的朋友,我来了!"亚历山大大喊。

此时,赫菲斯提昂仍然有意识,他听到亚历山大的呼喊,竟然试着从床上坐起来。

亚历山大俯身看着赫菲斯提昂,双眼布满泪水:"你还好吗?"

医生向亚历山大简单说明了情况:"赫菲斯提昂将军得了热病,本不能喝酒,否则会加重病情,但将军不听劝诫,又喝了很多酒,导致病情恶化,现在已经无法医治了。"

亚历山大握着赫菲斯提昂的双手,对医生说道:"医生,你一定要将赫菲斯提昂治好,否则,我要治你的罪。"

"哎,陛下,我真是回天乏术了,即使万能的宙斯在这里,可能都救不了赫菲斯提昂了。"

亚历山大几近崩溃,赫菲斯提昂的气息越来越弱,勉强挤出了一句话:"再见了,亚历山大,能成为您的朋友是我一生的荣耀。"

说完这句话,赫菲斯提昂闭上了双眼,永远地离开了人世。

"不要走,赫菲斯提昂,醒醒!"亚历山大望着赫菲斯提昂,"求你别闭上眼睛,宙斯啊,求你不要让赫菲斯提昂离开,求你不要带走他!"

亚历山大的呼喊,没有得到任何回应。

亚历山大大帝传

一旁的医生提醒道："陛下，赫菲斯提昂将军已经走了，请您节哀顺变。"

其他将领知道了赫菲斯提昂去世的消息，他们纷纷围到亚历山大身边。

托勒密说道："亚历山大，您要保重。我们听到这个消息，也十分震惊，非常难过。"

众人劝慰亚历山大后，便开始准备赫菲斯提昂的后事。天亮后，士兵架起火堆，赫菲斯提昂的尸体静静地躺在上面，周围站满了士兵，他们都来送别昔日的战友。

亚历山大雕像般呆立着，看着托勒密点燃了火堆，熊熊大火开始燃烧，赫菲斯提昂的身体被大火包围着①。

赫菲斯提昂化成了灰烬，人群逐渐散去，只剩下亚历山大和他的一些部将。

亚历山大直起身子，下令道："为了哀悼赫菲斯提昂，以后军营里不能吹奏乐器，不得进行任何表演，违令者军纪处置。"

部将们都很震惊，这禁令实在是太过严苛。然而，他们不敢跟亚历山大争辩，只能答道："好吧，亚历山大，我们一定照做。"

"另外，那位医生救治赫菲斯提昂不力，他也要付出代价，你们将他推出去斩了，以告慰赫菲斯提昂的亡灵。"

一个部将说道："那个医生也已经尽力了，惩罚一下他就

---

① 古希腊人实行火葬，替死者整理好仪容后，按照习俗，人们最后会在死者口中放一枚钱币。因为希腊人觉得人死后会进入地府，需要穿越冥河才能达到，这枚钱币就是引渡亡灵的船费。

算了,不要取他性命了吧。"

"不行,他一定要死。"亚历山大狠狠地说道。

赫菲斯提昂的死,让亚历山大几乎发狂。

① 赫菲斯提昂的死因是什么?
② 朋友死后,亚历山大的性情发生了什么变化?

第二十四章 亚历山大之死

将赫菲斯提昂火葬后,亚历山大内心异常苦闷。

有一天,亚历山大突然提议:"为了纪念赫菲斯提昂,我准备举办一场拼酒赛。"

"好啊!"大家为了逗亚历山大开心,纷纷表示同意。

"比赛的第一名将获得一顶金冠。"

这一奖励吸引了众多参赛者。亚历山大作为观众也参与了这场疯狂的饮酒比赛。他在人群中为参赛者鼓劲,就像在战场上那样。

最终,一名士兵喝了12斤酒获得了冠军,也得到了那顶珍贵的王冠。然而,这个人3天后就死了,还有41人也死于这场饮酒比赛。

亚历山大听后却说道:"他们都下去陪赫菲斯提昂了,真好。"

赫菲斯提昂死后,亚历山大仿佛变了一个人,以往温文尔雅的亚历山大不见了,伟大的国王变得暴躁。

这时,马其顿的一个贵族青年卡珊德来到巴比伦拜见亚历山大。

"亚历山大,很高兴见到您,伟大的国王。"卡珊德按照马其顿人的方式,稍微鞠躬表示对亚历山大的敬意。

这次会面中,他第一次见到其他波斯人按照古老习俗,以下跪方式向亚历山大表示敬意。而卡珊德并不认同这种方式,小声说道:"这些野蛮人真是可笑,竟然会有这样夸张的方式①。"

亚历山大听到了他的话,也注意到他脸上轻蔑的笑容,于是从座位上站起来,指着这个年轻人大骂道:"卡珊德,你这个无礼的家伙,你有什么资格在我的朝堂上放肆!"

"我只是觉得好笑罢了,这些野蛮人讨好国王的方法竟如此夸张。"说着,他又轻蔑地笑了笑。

亚历山大心中冒起莫名的怒火,喊道:"你这个不知死活的小子,我要让你再也笑不出来!"

说着,就用双手抓住卡珊德的头,将其往墙上猛撞。

年轻人痛苦地叫道:"亚历山大王啊,求您饶恕我吧,我再也不敢了。"

"你现在终于明白该如何尊敬国王了吧。"

"尊敬的国王陛下,我知道了,求您放过我吧!"

---

① 波斯是一个典型的君主制国家,类似古代中国,遇见国王,要下跪以表示臣服,这体现了国王至上的权威。在马其顿,人们遇见国王只需点头、半鞠躬表示敬意,与波斯相比,相对平等。

亚历山大感觉心满意足了,终于放了手。

亚历山大命令他:"赶快滚出我的王宫。"

过了几天,在亚历山大的朝堂上,有人控告卡珊德的父亲安蒂佩特。

卡珊德马上为自己的父亲辩解:"这个人是明显的诬告。"

亚历山大对卡珊德说道:"如果你的父亲没有罪,为什么这个人会千里迢迢赶来控诉呢?"

"我的父亲不在这里,他来这边向您控告,那我的父亲就不能为自己辩护了,必然会被判有罪。"

"那你的意思是说,我只听信了这个人的一面之词,就会做出不利于你父亲的判决喽。"

卡珊德回答:"当然不是,一切都瞒不过您,您能够洞悉一切。"

亚历山大问道:"那我问你,这个案子该如何判决呢?"

"应该判我父亲无罪。"

亚历山大瞪了他一眼,威胁道:"如果以后我查明你们父子确实犯下了这些罪行,那你们就要小心了,我一定会严厉地处罚你们。"

卡珊德脸冒冷汗,吓得说不出话来。这两次之后,卡珊德心里就对亚历山大留下了阴影。

这样疯狂的状态亚历山大持续了一年,大家与他相处时,全都变得小心翼翼,生怕引起他的愤怒。

"亚历山大最近不太正常?!"

"哎,赫菲斯提昂的离世,使他丧失了理智。"

士兵们经常这样议论。

有一次,亚历山大刚参加完一场酒宴,在营帐中洗过澡后,又有人邀请他参加一场新的酒会。

"为什么不去呢?你们稍等我一下,我马上就去。"亚历山大又重新穿上衣服投入到新的狂欢之中,"我要尽情享受。"

亚历山大通宵达旦地痛饮,谁都不知道他一共喝了多少酒。直到天亮,他都没有离开,还在跟大家一起喝酒。

"亚历山大,要么您先回去休息一下吧,我们改天再陪您喝酒。"宴会的主人怕亚历山大出事,就提醒了一下国王。

"没事的,我还要再喝。"

最后,亚历山大终于醉了,而且醉得一塌糊涂。

他酒醒后,感觉身上一阵酸痛,喊道:"为什么我的背部会这么疼,这到底是怎么回事?"

身边的侍卫问道:"陛下,要不我去请医生吧?"

医生匆匆赶来,为亚历山大检查。他得出的结论令人绝望,亚历山大已命不久矣。可他不敢在亚历山大面前宣布这一消息,只是悄悄告诉了亚历山大手下的将领。

"亚历山大,到底为什么会得这么严重的病?他只有30多岁啊!"

"国王是得了热病吗?"

"还是被人下毒了?"

将领们议论纷纷,这位医生尚未完全查明亚历山大的病因,只能缄默以对,不作任何回答。

亚历山大大帝传

亚历山大难受得头昏脑涨,没有发现众人的异常,他不时抱怨道:"我觉得自己背部好像被标枪刺中了一样。"他还没意识到问题的严重性。

年轻的国王感到周身一片燥热,他要求侍卫将他搬出营帐,抬到浴室里。

"只有这儿,才能让我的体温降下来。"

过了不久,亚历山大甚至已无力说话,只能通过手势向身边的士兵表示谢意。

"国王陛下,您现在感觉怎么样?"

亚历山大已经奄奄一息了,用极小的声音说道:"恐怕我的时日已经不多了。"

听到这句话,他的部下们更关心的竟然是亚历山大死后,他所征服的庞大帝国将如何分配。

"陛下,您选谁为继承人[①],能告诉我们吗?"

大家都凑到亚历山大身旁,急切地想要知道继任者的人选。他们迫切地希望从亚历山大口中听到自己的名字。

"我的接班人是……"亚历山大说着说着,声音越来越小。

"到底是谁,是谁啊?"大家都非常焦急。

亚历山大没有说完,便离开了人世。去世时,他只有33岁。

[①] 亚历山大生前并无指定继承人,所以将领们最关心的就是继承人的问题。亚历山大建立的帝国是以他本人的权威为基础的,国王将死,他的将领们希望借由亚历山大的指定,增加自己的威信。

"亚历山大想要说的是我,我都听到了!"托勒密大喊道。

"不!亚历山大说得是我!"另一个将领也喊道!

"是我!"

"是我!"

亚历山大刚闭上眼,离开人世,他的部将们就开始为了权力大打出手,甚至争抢亚历山大的遗体。

后来,托勒密抢到了亚历山大的遗体,将他葬在埃及的亚历山大里亚,这个由亚历山大亲手设计和建造的城市。

关于亚历山大的去世,一位叫狄奥多罗斯的古代作家记录道:这位伟人喝下一大碗酒后,突然得病进而痛苦不堪,从症状来看,颇似中毒。这一看法,得到了众多史学家的支持。他们认为指使下毒之人,就是卡珊德的父亲——马其顿总督安提帕特,此人因为受到亚历山大的调查被罢免了总督之位,因而心怀怨恨。

下毒说得到了以下故事的印证:亚历山大死后,他手下的将领为争夺权位,在亚历山大的尸体前争吵数日,于是国王的尸体一直无人照看。可就是在毫无处理措施的情况下,尸体却始终保持着肤色的清新,未出现任何腐烂的迹象。

然而,下毒说也遭到另外一些古代历史学家的批判。这一派以普鲁塔克为代表,他们认为亚历山大是因为饮酒过量,导致感染了热病才去世的。

无疑,亚历山大的死是一个谜。至今,仍有众多历史学家致力于解开这个谜题。

……

公元前323年,亚历山大离开了人世,静静地躺在地中海的南岸。

每年都会有许多游客前往亚历山大的坟墓,瞻仰这位人类历史上最伟大的征服者。

或许,亚历山大本人都不知道自己王国的终点在哪里,他只是一直在寻找。

或许,亚历山大从建造亚历山大里亚之时,就希望以后长眠于此。

在人类历史上所有的伟大将领中,他是独一无二的,因为他是天之骄子——亚历山大。

阅读思考

① 亚历山大的部将为什么在亚历山大刚去世,就开始争吵?

② 对于亚历山大的死因有哪些解释?

尾声 伟大时代
已开启

  当古代中国尚处于战国七雄争霸天下的分裂年代，遥远的西方——马其顿王国亚历山大大帝却通过南征北战，建立起了空前庞大的地跨欧亚非的超级帝国。这个帝国幅员广袤，巅峰时期领土达 800 多万平方公里。

  然而，这一帝国是建立在亚历山大对外征服的基础上，维持的年限只有十余年。

  亚历山大死后，帝国随之土崩瓦解。亚历山大的部将们争权夺利，瓜分了帝国领土。经过一番拼抢，托勒密获得了埃及王国，安提帕特得到了马其顿王国，塞琉古①攫取了亚洲王国。

  历史表明，亚历山大建立的不朽功勋并非在于政治，也非在于军事，而在于文化的传播。由于亚历山大的征服，历

---

  ①　亚历山大死后，塞琉古占据了波斯故地，建立了以叙利亚为中心的塞琉古王国。因为叙利亚是首都，故又称叙利亚王国。公元前 1 世纪时，塞琉古王国为罗马人所灭。

史开启了一个伟大时代,这个时代被称为希腊化时代。希腊化指的是非希腊人采用了希腊人的生活方式,比如埃及人、叙利亚人,他们的语言并没有消失,但是被亚历山大征服后,希腊语成为这些区域的通行语言,从而大大方便了整个地域间的联系和交流。

与此同时,亚历山大在征服过程中,在一些战略要地建立了许多以他名字命名的城市,这些城市有一个共同的称谓,即"亚历山大里亚"。它们从埃及尼罗河畔一直延续到阿富汗腹地。这些城市,吸收了希腊的文化,剧场的建造、体育馆①的设立、希腊钱币的使用等,都采取希腊风格,更为重要的是希腊式的教育和礼仪开始在这些城市传播。璀璨的希腊文明在此生根发芽,又通过这些城市不断向周围辐射。这正是亚里士多德所教导的,亚历山大所追求的。

① 亚历山大死后,他所建立的帝国陷入了什么局面?
② 你认为亚历山大的征服对世界最大的影响是什么?

---

① 古代希腊的体育馆与运动场,一般是一个城市最为壮观的建筑物,是人们进行日常锻炼的场所。体育设施的建造,展示了希腊人对运动的热爱、对美的追求。

附录　亚历山大年谱

公元前 356 年　出生于马其顿,父亲为马其顿国王菲利普,母亲为伊庇鲁斯的公主奥林匹阿斯。

公元前 348 年　7 岁的亚历山大代替父亲接见波斯使者,初展政治才华。

公元前 343 年—前 340 年
　　　　　　　亚历山大接受希腊最著名的学者——亚里士多德的指导。

公元前 338 年　18 岁的亚历山大参与了喀罗尼亚战役,立下赫赫战功。

公元前 336 年　马其顿国王菲利普被人刺杀,20 岁的亚历山大成为马其顿国王。同年,亚历山大在科林斯召开希腊联盟大会,决定对

	波斯发起远征。
公元前 334 年	亚历山大率领反波斯联军开始远征,在格拉尼库斯河与波斯军队大战,以极少的伤亡取胜。
公元前 333 年	亚历山大军队在伊苏斯之战中,打败波斯 60 万军队,波斯国王大流士乘乱逃走。
公元前 332 年	亚历山大占领埃及,建立了第一座以自己名字命名的城市——亚历山大里亚。
公元前 331 年	25 岁的亚历山大率领 4 万军队,在高加米拉与波斯的百万大军进行决战,再次打败大流士,波斯帝国灭亡,大流士再次逃脱。
公元前 330 年	亚历山大继续追击大流士。大流士为叛徒所杀。临死前,大流士对亚历山大说:"你比我更像一个国王!"
公元前 327 年	亚历山大率军远征印度。
公元前 326 年	30 岁的亚历山大到达印度河,与印度北部的国王波鲁斯在海达斯佩斯河进行大战,艰难获胜。由于连年征战,兵困将乏,无力东进,亚历山大不得不放弃远征的梦想,返回波斯。
公元前 324 年	好友赫菲斯提昂因热病离世。

公元前323年　亚历山大于巴比伦逝世,年仅33岁。其生前所统治的领土被部将瓜分。